英語授業の「型」づくり
おさえておきたい指導の基本

編著 一般財団法人 **語学教育研究所**

執筆 **小菅和也・手島良・淡路佳昌**
江原一浩・大内由香里・草間浩一・小菅敦子・矢田理世・山崎勝

大修館書店

は　し　が　き

　一般財団法人語学教育研究所（通称「語研」）は，日本で最も歴史のある民間の英語教育団体です。1923（大正12）年，当時の文部省英語教授顧問パーマー（Palmer, H. E.）を初代所長として，文部省内に「英語教授研究所」という名称で設立されました。それ以来90年以上にわたり日本の英語教育改善のため，さまざまな研究，実践，そして提言を積み重ねてきました。

　本書は，中学校・高等学校における英語教育を念頭に，現職の先生方，英語教員を志望する学生の皆さんを対象としています。また，小学校5, 6年生でも英語が教科化された現在，小学校の先生方にも大いに参考になると考えています。文部科学省検定済教科書を使用することを前提とした英語授業の考え方，組み立て方，具体的な実践について述べたものです。

　もちろん，英語の授業に絶対的な唯一の正しい「型」があるわけではありません。学習指導要領はほぼ10年ごとに改訂され，そのたびに新たなキーワードが登場し，注目されます。また，ICTが普及し，従来の「黒板とチョーク」中心の授業から，今後はさまざまな機器を活用した授業へと見た目は大きく変貌するかもしれません。しかし，英語ということばを教えること，学ぶことの本質はそれほど変わるものではないと考えます。

　本研究所が提唱するOral Introductionを核とした音声中心の授業の考え方，組み立て方には，英語授業の基本が含まれています。これをひとつの出発点として，英語授業のあり方を考え，実践する参考にしていただければ，と考えています。英語の授業には，意外と見落とされがちなのですが，踏み外してはいけない基本的な原則が歴然と存在します。古典芸能ではありませんが，その基本原則を本書では「型」と呼び，書名にもしました。本書が，

英語授業の基礎となる部分をしっかり確認し，身につけていただくための一助となることを願い，それをできるだけ具体的な形で提示することを念頭に，本書を執筆しました。現実の授業では，対象とする多様な生徒たちに適合するように，柔軟な対応が必要となる場面も生じてくると思います。そのような場合でも，上に述べた基本原則という堅固な土台の上に，それぞれの先生方の授業での個性が築かれ，発揮されていくものだと考えています。

　また，本書では，各執筆者による長年の実践と研究によって培われた，さまざまな授業場面での知恵が詰まっています。それらも大いに読者の皆様の参考になると信じています。ちょっとした工夫が英語授業をより効果的なものにし，生徒の理解や発表力の促進につながります。それはとりもなおさず英語授業の質を高めるということです。

　以下，本書の構成について簡単に説明します。第1章では，英語授業の基本的な考え方，また，本研究所が提唱する Oral Introduction を核とした授業全体の組み立て方について概観します。第2章では，それぞれの指導過程について，具体例も交えながら詳細に解説します。第3章では，授業のさまざまな場面で活用される指導技術を取り上げます。また章末には「コラム」として，英語授業を考える上で，視野を広める参考となるようなトピックを扱いました。さらに，読者の便宜を図るために，「教室英語」と「読書案内」の項を設けました。あわせて参考にしていただければ幸いです。

　本書の刊行にあたり，大修館書店編集部の郭敬樹氏，内田雅氏，高橋寛氏には大変お世話になりました。この場を借りて深くお礼申し上げます。

　本書が，日々の英語授業を考え実践する上で，頼りになる心強い参考書となることを願っています。

2021 年 8 月

一般財団法人 語学教育研究所
編者　小菅和也
手島　良
淡路佳昌

目　次

第1章

授業の組み立て

授業組み立ての考え方

1. 大前提

　英語の授業に限らないことですが，1時間の中でさまざまな活動が行われます。熱心な教師ほど，研究会や書物からさまざまな活動のアイディアを学び，それを授業に取り入れようとします。素人目から見ると，生徒が活発に活動しているようで，望ましい授業に見えます。しかしながら，見た目のみにとらわれて，以下の2点がきちんと考えられていない授業になっていないか，点検する必要があります。授業を組み立てる上で，次の2点をまず大前提としてとらえることが重要です。

(1) 各活動の意義づけ

　授業中のある活動が，何のために，何を目的として行うかを，教師がしっかり認識しているかが重要です。単に，生徒が主体的に活動している（ように見える）からとか，教室が盛り上がるからとか，楽しいからとか，という程度の認識しかないと思われる場面を目にすることが少なくありません。どのような学習効果を期待して行うのかを，教師がまずしっかり認識する必要があります。もちろん，それが実際に期待した効果をもたらすかどうかは，次の課題になります。

(2) 手順の整理

　（1）に述べた各活動の意義づけがしっかりできれば，さまざまな活動を
どのような順序で組み立てていくか，合理的な手順を考えることができます。
これも現実の授業では，明らかに手順が前後し，無理な展開が往々にして見
られます。たとえば，「音読を重視しています」という教師の授業が，新教
材の本文を（教科書付属の音源などを利用して）いきなり音読練習をして，
次に内容理解（しばしば日本語訳の作業）といった展開であることが少なく
ありません。これでは，インプットとアウトプットの順が逆です。また，本
文の音源を 1 回聞かせただけで，いきなり生徒同士でペアリーディングを
させたりするのも，途中の段階が抜けていると言わざるを得ません。

2. 英語授業の原則

　英語授業を考える上での大前提は，「英語という『ことば』を教える」の
だという，教師の自覚です。日本という EFL 環境（外国語環境：基本的に
は日常に英語を必要としない環境での外国語（英語）学習）では，授業時数
も決して十分ではありません。その結果，従来から行われてきた，文法の解
説に大半の時間を割いてしまうような，英語を無機的な「記号の体系」，あ
るいはもっと極端な場合，「日本語を暗号化したもの」のように，教師自身
が無意識に捉えていることも少なくありません。また，「生徒同士の活動＝
ゲーム」のようにとらえ，英語ということばが「ゲーム遂行のための呪文」
に成り下がってしまってはいないでしょうか。

　以上を前提として，英語の授業について，基本となる要素について以下の
4 点を挙げます。

(1) 英語の授業は英語で

　学習指導要領の文言にかかわらず，英語の実技としての側面を考えれば，
これはある意味当然のことです。生徒は体育の時間には実際に体を動かすわ
けですし，音楽の授業では，歌ったり楽器を演奏したりするわけです。英語
の授業で，生徒が英語を聞き，話し，読み，書くのは当然です。英語につい
ての解説中心の授業では，知識は増えても「コミュニケーション能力」は身
に付きません。ただし，「英語の授業は英語で」は決して，日本語の使用を

排斥するものではないことを付け加えておきます。場面によっては，日本語を母語とする生徒たちに対して，日本語で説明することが有効な場面も当然存在します。

(2) face to face の状況を最大限に生かす

　日本の外国語教育環境は決してよいとは言えません。特にクラスサイズです。外国語教育で，1 クラス 30 人，40 人はあまりにも多く，非現実的・非効率的です。最近は「少人数クラス」の試みも多く行われていますが，教師と生徒の「1 対 多」の関係は本質的に変わりません。では，教室場面の利点は何かと言えば，これは，教師と生徒，あるいは生徒と生徒が実際に顔を合わせている，つまり face to face の状況である，という点です。これはいかに英語に興味・関心がある生徒でも，自宅学習では得られない状況です。この状況を最大限に生かすことが重要です。つまり，教師と生徒，あるいは生徒と生徒とのやり取り（Interaction）によって，互いに英語を「使う」場面を増やす，ということです。

　ただし，これについても一言付け加えておきます。最近，英語の授業でもペアワークをよく目にするようになりました。ただ，新出単語の英語・日本語訳対象リストのハンドアウトを用いた，クイズの出し合いのような，ゲーム的で，生徒同士の刺激にはなるかもしれませんが，英語を「ことばとして使う」というところからはまだまだ遠い活動にとどまっているケースが，やはり少なくありません。授業のひとつのステップとして，メカニカルな練習の必要性は否定しません。ただ，そこで止まってしまっては，face to face の状況を十分に生かしたことにはなりません。

　さて，ここまでの（1）と（2）をまとめると，教師と生徒が英語でやり取りしながら進んでいくという授業の姿が浮かんできます。これは，後に述べる Oral Introduction の手法の基本となるものです。

(3) 日本人教師の自覚

　言うまでもなく「教える」というのは専門的な仕事です。英語は知っていれば教えられる，という単純な問題ではありません。一般的な現実として，日本人英語教師の英語運用力は，ネイティブスピーカーには遠く及びません。しかし，我々は「教師」という専門家です。それを自覚して，英語の授業で

は，自分自身の英語を積極的に使うようにしたいものです。

　音声指導は常に教科書付属の音源に頼る，ALT とのティームティーチングでは日本人教師のほうが常にアシスタントになってしまう，といった状況は避けましょう。もちろん，そのためには，生徒たちに少しでも質の高いインプットを与えられるように，日本人教師は日ごろから研鑽に努めなければなりません。特に，音声面はどうしても優先順位が低くなりがちですが，ことばはまず音声であることを十分自覚したいものです。小学校でも英語が教科化されたことを考えると，教師が児童・生徒に与える英語の音声インプットの重要性は増大していきます。

(4) 領域・技能のバランス

　ことばには「聞く」「話す」「読む」「書く」（学習指導要領では「聞く」「読む」「話す」「書く」）の 4 つの技能があります。ことばはまず音声であることを忘れてはいけません。以下に述べる，Oral Method の考え方に即し，英語の授業では，音声面である「聞く」「話す」を第一に考え，これに文字の側面である「読む」「書く」を有機的に関連させる，という方針に基づいて論を進めていきます。ただし，これは，「聞く」「話す」が「読む」「書く」よりも大事である，ということではなく，文字言語を扱う際にも，音声（Acoustic image）が重要な働きをする，という考え方に基づいています。

3. 授業の基本的な構成

　以上のような考え方を基礎として，ここでは，以下のような Oral Introduction を核とした指導手順を，ひとつのモデルとして提案します。

　もちろん，英語授業に，唯一絶対の「型」が存在するわけではありませんが，まずはこれに沿って英語授業を実践してみることをお勧めします。その後，それぞれの教員が，実際の経験をもとに必要な工夫や修正を加えていけばよいのです。英語授業の「型」づくりとしての，言わば出発点です。「守破離*」の「守」の段階と考えてもらえばよいでしょう。

(注) 守破離：もともとは，茶道・武道・芸術・スポーツなどにおいて，師弟関係を背景とした修業の段階を表す言葉。「守」は教わった型を守る段階。「破」は，自分に合ったよ

り良いと思われる型を模索し試すことによって，既存の型を破る段階。「離」は，型から離れて自在となる段階。

　以下，基本的な授業の流れです。

I　Warm-up

II　Review

III　Oral Introduction
　（教師と生徒との英語でのやり取りによる新教材の導入）

IV　Model Reading
　（教科書を開いて，教師が音読のモデルを示す）

V　Explanation
　（補足説明，日本語でよい。Oral Introduction とあわせて，教材の
　100％理解を図る）

VI　Reading Aloud
　（音声と文字を結びつける，理解した内容の音声化。アウトプットの第
　一歩）

VII　Activities
　（学んだことの習熟を図る，言語使用の機会を与える，さらに発展的な
　活動も含む）

VIII　Consolidation
　（まとめ）

　以下，上記の各指導過程について，基本的な考え方を述べていきます。より詳細な内容や具体例については，第 2 章を参照してください。

I　Warm-up

　授業に入るための準備段階です。以下に述べるように，音声を核とした授業展開になりますので，その準備として，生徒自身が英語を声に出す活動とし，短時間で終えることがポイントです。

1．挨拶

　英語授業の初め，英語での挨拶は定番ですが，よくありがちな，教師の，Good morning, everyone / class. How are you? という挨拶に，クラス全員が一斉に，I'm fine, thank you. And you? と棒読みのように唱えるのは，どうしても不自然さがあります。数人の生徒に対して，個別に How are you? と声をかけてみたり，生徒の様子を見て，You look sleepy. What time did you go to bed last night? といったような質問をしたりするのは，自然なコミュニケーションの場になります。英語は，決して「呪文」ではなく，「ことば」であることを忘れないようにしましょう。毎時間，別の生徒に声をかけることによって，結果として全員の生徒と英語によるちょっとしたコミュニケーションをとることが可能になります。

2．授業に入るために準備

　挨拶に続いて，簡単なやり取りがさらに可能です。Who is absent to-day? と出欠を確認したり，What is the date today? のように，日付や曜日を聞いたり，How is the weather today? と天候を聞いたりするのもよく行われます。曜日や日付，天候の言い方などを，このやり取りを通して，生徒は身につけ確認していくことが可能です。また，学習が進めば，What did you do on Sunday? など，過去形を用いたやり取りなども可能になります。

3．帯活動

　さらに，毎時間の帯活動として，単語レベルの活動，Small Talk, Chants,
歌などを取り入れることが考えられます。基本的に既習事項を材料として，
クラス全員が参加し（ペアワークなども含みます），シンプルかつ短時間で
終えることができる，というのが条件です。

II　Review

　前の時間で扱った内容を復習し，再確認するのが基本です。また，もう少し広い視野に立ち，その日の新教材をスムーズに理解させるために有用な既習事項を，ピックアップして復習する，ということも考えられます。

1．復習の意義

　英語の授業が週4時間程度では，時間割によって，前の時間と日が空いてしまうこともよくあります。そうでなくても，前時に学習したことがすべての生徒に十分定着している，というのは現実的に難しいことです。新教材の導入につなげるためにも，その土台の確認という意味で，重要な指導過程です。

2．具体的な活動

　最も基本的で実施しやすい活動は，前時に扱った教科書本文を音読することです。これによって，前時の内容を生徒に確認させます。さらに一歩進めて，本文の暗唱に発展させることもできます。関連で，前時の内容について英問英答を行うことも考えられます。また，前時に行った Oral Introduction のいわばダイジェスト版を教師が行い，生徒のリテリングにつなげることも可能です。また，場合によっては，小テストなどでライティングの面を確認することもあります。これらの活動は，前時から本時に至るまでに，生徒にどのような家庭学習（復習）を求めるか，という問題と密接にかかわってきます。

Ⅲ　Oral Introduction

1．Oral Introduction とは何か

　Oral Introduction とは，本来，日本の英語教育改革に尽力したパーマー（Palmer, H. E.）が提唱し，日本で実践した Oral Method の考え方に基づく手法です。

　Oral Introduction とは，簡単に言うと「主として教材の内容を，既習の語彙や文型を使って口頭で導入すること」（語学教育研究所編 1988：2）です。もう少し詳しく言うと，「教科書は閉じたままで，新教材の言語材料や題材内容を，教師と生徒の英語によるやり取りを中心に，視覚補助（絵や写真など）も活用して，生徒に理解させる活動」です。さらに，授業の後段での，生徒による発表活動も意識して，新出語の発音やキーになるセンテンスをアウトプットできるところまで含めることも多くあります。

　Oral Introduction は，新教材の「導入」であるのはもちろんのこと，そこでの英語によるやり取り自体が，生徒にとって英語使用の機会ともなり，コミュニケーション（に近い）活動になりうる点が大きなメリットです。

　現状では，さまざまな意味合いで，Oral Introduction という用語が用いられています。極端な場合，単に教師が教科書を読み上げる，あるいは該当部分の CD などの音声教材を流すことを，指導案に Oral Introduction と記している場合さえあります。また，教師が，題材について，英語でごく簡単に一方的に提示するだけのものを Oral Introduction とするものもあります。いずれも，本書で提唱する Oral Introduction とは異なるものです。本来のあるべき Oral Introduction は，もっと中身の濃いものです。以下，本書で考える Oral Introduction のあり方，考え方に基づいて議論を進めていきます。

2．Oral Introduction のポイント

　以下に，望ましい Oral Introduction のポイントを掲げます。

(1) 原則として生徒に予習は求めない

　これにもさまざまな考え方がありますが，特に中学校レベルでは，生徒に白紙の状態で授業に臨ませるほうが効果的です。もちろん，予習を前提とした Oral Introduction もありえます。その際，予習として何を求めるかが重要となります。

(2) 教科書は閉じさせる

　口頭による導入ですから，この段階で文字教材は不要です。

　Oral Introduction は "Close your textbooks." あるいは，"Keep your textbooks closed." といった教師による指示から始まります。これが非常に重要です。

(3) 教師と生徒による英語でのやり取りが基本

　かつての Oral Introduction は，教師がまず一方的に英語で語り，その後生徒の理解確認のために，英語で test questions を与える，という流れでした。しかし，これでは生徒が受け身になりがちであり，しかも test questions は記憶力のテストになりかねません。そこで，教師が一方的に語るのではなく，できるだけ生徒とやり取りをするような形で進めていきます。

(4) 視覚的補助の活用

　英語音声でのやり取りが基本ですが，生徒の理解を促進するために，視覚教具を活用します。黒板に絵や写真を貼ったり，キーワードを書き出したりするなどが考えられます。完成した板書は，後の生徒による発表活動にも活用できます。ICT 機器の普及とともに，動画なども使いやすくなるでしょう。

3．Oral Introduction 運営の注意点

(1) 基本 5 原則

　Oral Introduction を核とした授業で必要とされる，5 つの基本原則について述べます。
①音声から文字へ
　音声を核とする授業の基本的考え方です。まずは英語音声を示します。必

要なら，その後に板書で綴りを示します。ありがちなことですが，教師が黙ったまま，いきなり新出語を板書するようなことをしてはいけません。

　「音声から文字へ」の考え方は，ここで述べている 1 単位時間の授業の組み立てというミクロの視点にとどまらず，英語の入門期では，ある程度の期間，音声のみで文字は使用しない，という指導法にも通じています。

②理解から発表へ

　単語ひとつの発音練習でも，発表活動です。意味もわからないまま生徒に発音させてはいけません。きちんと意味を理解させた上で，発音練習に移ります。綴りの書かれた単語カードを示して何度も練習させた後で，カードを裏返して日本語訳を提示する，という流れをよく見かけますが，これは望ましくありません。Oral Introduction を核とした授業では「×」です。また，CD などの音声教材を使って本文の音読練習をさせてから，生徒を指名して日本語訳させる，というのも同様に「反則」です。「理解から発表へ」は，一見自明の原理ですが，この流れを踏みはずした授業が非常に多いのが現状です。

③概要から詳細へ

　特に高校レベルの Oral Introduction では，教科書の内容すべてを伝えることが難しく，また，必ずしもその必要もないので，まず概要を伝えることになります。その後，Explanation の段階で，教科書本文に即して，詳しく深く理解させます。大まかな全体像をつかませてから，必要に応じて細部に踏み込むという流れです。訳読法の「1 文 1 文順番にシラミつぶし」方式は「木を見て森を見ず」になりがちで，この原則に反することになります。

④教師の指導から生徒の活動へ

　たとえば，キーセンテンスをひとつ暗唱させるにしても，まず Chorus Reading など教師主導できちんと指導します。基礎づくりをして生徒が自立できることを確認したうえで，ペアワークや発表など，生徒主体の活動に移行するべきです。教師による指導が不十分なまま，早い段階で生徒同士の活動に移る授業もよく見かけますが，土台がきちんとできていなければ，生徒同士の活動もうまくいきません。教師主導で指導する段階は必ず必要で，決して悪いことではありません。

⑤全体から個人へ，そしてまた全体へ

　主として練習やドリルの場合の基本的な手順です。新出語の発音練習を例

にとれば，教師の後につけてまず何回か一斉読みで練習させます。次に数人
の生徒を指名し，個人レベルで確認します。そしてまとめとして，もう１
度クラス全体で発音させる，という手順になります。これを徹底することに
よって，個人指名も増え，練習量も確保され，生徒も授業の進行についてい
きやすくなります。授業の流れも明確になります。

(2) 意味内容提示のバリエーション

　Oral Introduction は基本，英語のみで行うわけですが，生徒にとって未
知語をいかに理解させるかについて，次の５つの方法が考えられます。

① By Material Association

　「実物と結びつける」ということで，実物を見せる方法です。代わりに絵
や写真を示す，あるいは動作で示す（たとえば，歩きながら "I'm walking."
と言う）のもこれに含めて考えることができます。

② By Definition

　定義とは，やさしい英語で説明することです。たとえば hospital について，
次のような説明が考えられます。

　A hospital is a place where doctors and nurses take care of sick or
injured people.

　英英辞典の説明が参考になります。ただし，そのままでは生徒にはわかり
にくいことが多いので，多少説明の厳密さは欠いても，教師自身が，生徒に
とってわかりやすい英語を考えるほうが望ましいと言えます。

③ By Context

　文脈で示すことです。（2）の hospital を例にとれば，たとえば次のよう
な文脈を示します。

　One morning Tom got up, but he felt sick and he had a fever. So he
was absent from school and went to the <u>hospital</u> near his house.

　このような文脈を示すことによって，トムが医者あるいは病院に行った，
ということが推測できるわけです。

④ By Giving Examples

　具体例を挙げる方法です。たとえば，動物の種類に primate というのが
あります。辞書的な定義文を提示するよりも，以下のように具体例を挙げま
す。

For example, a gorilla is a primate. A chimpanzee is a primate. We human beings are primates, too.

このように例を挙げるほうがイメージがつかみやすくなります。「霊長類」などという日本語訳を与えるより具体的でわかりやすいと言えます。

⑤ By Translation

日本語訳を言うことです。この方法も排除しません。実際，②③④を採り入れようとした結果，却って冗長になり難解になってしまうこともあるので，時には効率的な方法となります。ただ濫用すると，英語で口頭導入する意義が失われてしまうので，注意が必要です。安易に日本語訳に頼らないことです。

また，上記のうちのひとつを使うというわけではなく，複合すればさらに理解を促進しやすくなります。絵を見せて説明する，定義を示して具体例を挙げる，などです。

(3) 視覚補助の活用

前述の意味内容の提示の項でも触れましたが，Oral Introduction は，音声言語のみによるやり取りだけではなく，理解を促進するために，視覚補助を活用することが重要です。絵や写真を用意したり，その場で教師が黒板に略画を描いたり，動作で示したりすることも有効です。また，キーワードや新出語の綴りを提示することも効果的です。ただし，英語は，あまり書き過ぎないように注意します。Oral Introduction は，あくまで音声によるやり取りが主であり，文字は補助的な要素であることを忘れてはいけません。

(4) 英語によるやり取りの要領

Oral Introduction では，教師が一方的に語るのではなく，生徒とできるだけ英語でやり取りすることが重要です。その点に着目して，Oral Interaction と呼ぶこともありますが，ここでは Oral Introduction という名称で統一して議論を進めます。以下，やり取りを進める上での留意点を挙げます。

①できるだけ質問を投げかける

生徒とのやり取りと言えば，まず Q&A が思い浮かびます。教師の一人芝居にしないためにも，極力生徒に質問を投げかけるようにしましょう。質問はおよそ次の3種類に分けられます。

1) 生徒の既有知識にはたらきかける

　例として，有名人（スポーツ選手でも，映画スターでも）の写真を示して，Who is this man? と問いかけます。教科書教材を，生徒の身近なもの，実感を伴うものにする効果もあります。あるいは，What is your favorite sport? のように，生徒が現実に即して答えればよい質問も重要です。

2) 内容理解の確認

　教師が語った内容の理解を確認するための質問です。教師の語りの途中にこまめに織り込んで，生徒の理解を確認しながら導入を進めます。生徒の記憶力のテストにもならずにすみます。

3) 教師の自問自答

　生徒からの答えを期待しない場合でも，まず質問を投げかけることによって生徒の注意・関心を引くことができます。例えば，物語の登場人物の絵を示して，いきなり，This is Tom. と説明してしまうより，Who is this boy? とまず問いかけ，一呼吸おいてから，He is Tom. と紹介すると効果的です。

4) 留意点

　生徒の誤答・無答に対する対応も重要です。できるだけ生徒から答えを引き出せるようにヒントを与えます。答えやすくするための手立てとして，一般には，Wh- 疑問文は　選択疑問文（A or B?）に，さらに Yes-no 疑問文に変えていきます。また，周りの生徒と相談させるのもよいし，どうしても答えが出なければ，他の生徒に答えさせ，再び当該の生徒に戻って答えを繰り返させるなど，「見捨てられた」ような印象を与えないように臨機応変に対応しましょう。

②練習を取り込む

　Q&A は，その場では，教師と特定の生徒 1 対 1 の活動です。クラスには多くの生徒がいます。Q&A にとどまらず，Oral Introduction に練習も取り込んで，クラス全体を活動に巻き込みます。新出語を導入し，生徒たちが理解したら，全体で発音練習をします。単語レベルにとどまらず，句レベルでも，キーセンテンス全体でも，全体を巻き込んで練習します。Oral Introduction は本来インプットの活動ですが，全体でアウトプット（発音練習）の活動も取り入れることによって，理解を強化し，後で行う生徒による発表活動の土台作りともなります。なお，練習は，基本 5 原則の項で既に述べたように，教師のモデル→全体でのリピート→個人数名の指名→もう 1 度

全体でまとめ，という流れをきっちり作っておくと，練習量も確保でき，生徒も授業の進行についていきやすくなります。

(5)　教科書教材をいかに料理するか

Oral Introduction は，教科書教材を下地としながらも，教師と生徒とのコミュニケーションの場です。中学レベル，高校レベル，教材の内容によっても扱い方は変わりますが，教師が教材をどう料理するかが非常に重要です。題材内容中心（story-centered）であれば，内容を要約して伝えることもありますし，反対に教科書には書かれていない情報を付け加えて話をふくらますこともあります。生徒にとって身近な話から始めて，教科書の題材を，生徒が実感を持って理解できるような工夫も必要です。また，中学レベルに多い言語材料中心（structure-centered）であれば，限られた語彙や表現の中で，意味のある場面を設定し，やはり，生徒が実感を持って英語の表現を使えるように工夫しなければなりません。

4.　Oral Introduction の副産物

Oral Introduction は，生徒のためのみならず，教師にとってもプラスの面があります。

(1)　教師自身の英語運用力の向上

Oral Introduction を継続的に行うことで，教師自身の英語運用力が伸びていきます。教師が利益を得る部分も大きく，それは生徒にも還元されていくことになります。

(2)　教師自身の知識・関心の増大

教科書で扱われるさまざまな言語材料や題材について，いろいろ調べることで，英語に関する事柄のみならず，多様な題材について，教師自身の知識や関心が深まっていきます。

5．Oral Introduction チェックリスト

　Oral Introduction を行う際に教師が注意すべき点を，以下にチェックリストしてまとめました。

━━━━━━━━━━━━━━━━━━━━━━━━━━━━━━━

①大前提
　　1－1　教師が教材を正しく理解しているか
　　1－2　生徒が教材を正しく理解できたか
②授業組み立ての基本5原則
　　2－1　音声から文字へ
　　2－2　理解から発表へ（インプットからアウトプットへ）
　　2－3　概要から詳細へ
　　2－4　教師の指導から生徒の活動へ
　　2－5　全体から個人へ，そしてまた全体へ
③英語の正確さ
　　3－1　教材として提示する英語
　　3－2　教室英語（指示の英語）
　　3－3　発音・アクセントの明らかな誤り
　　3－4　板書の綴り
　　3－5　英語の適切さ
④板書の見やすさ・わかりやすさ
　　4－1　絵の大きさ
　　4－2　文字の大きさ・読みやすさ
　　4－3　配置・全体の構成
　　4－4　板書のタイミング
　　4－5　視覚教具の適切さ
　　　　　（見やすさ・情報量：適切／不足／過多）
⑤教師の動き
　　5－1　声の大きさ
　　5－2　話す速さ・滑らかさ
　　　　　（速すぎ・つっかえすぎ・不要な沈黙など）

　チェックリストの大項目ごとに，ポイントを絞って簡単な解説を付けます。

①大前提

　言うまでもなく基本中の基本です。教師自身が教材の内容を誤解している，あるいは理解が不十分であることがないようにしたいものです。

②授業組み立ての基本5原則

　これについては，pp.10-12 で既に述べました。

③英語の正確さ

　日本人英語教師にとって，英語は外国語であり，母語と同様の運用力は望めないのが普通です。そうであるからこそ，生徒に対して提示する英語は，正確を期すことが重要です。授業の準備段階で，自分の発する英語を十分に確認し，授業中とっさの場合でも，安定した発話ができるように，日ごろからの準備・研鑽が重要です。

　3－5　英語の適切さ

　たとえば，生徒に音読させたり質問に答えさせたりした後で，教師が "Thank you." を連発するケースがあります。時にはそういう反応もよいでしょうが，基本的に，このような場合は，"Good." などの褒め言葉を用いるのが適切です。

④板書の見やすさ・わかりやすさ

　Oral Introduction は，教師が発する英語と，黒板を用いた視覚教具とを

あわせて，一人前となります。つまり，教師の英語音声と板書は補完関係にあるわけです。どのタイミングで，どこに何を貼るか，何色のチョークで何を書くか，など綿密な板書計画が不可欠です。

　4−5　視覚教具の適切さ

　別項目の「大きさ」の問題も含まれます。写真のほうがよいか絵のほうがよいか，といった問題はよく生じます。カラー写真はきれいで見栄えがよいのですが，不必要な情報が多くかえってわかりにくいこともよくあります。単純な略画のほうが効果的な場合も多いので，よく考えて選択します。

⑤教師の動き

　教師が，授業中の自分自身の動きを自覚するのは，なかなかむずかしいものです。時には，教室の後ろにビデオカメラを設置（三脚に固定し，画面は一番ワイド側に）して，授業の様子を録画し，後で早送りでもよいので見直す，といったことが有用です。

　5−3　立ち位置・からだの向き

　板書を自らの体で隠したり，生徒に対して完全に背を向けて板書したり，などありがちなので注意しましょう。

　5−5−2　段階を踏んでいるか

　たとえば，長めの文を言えるようにさせたい時は，単語→句→文のように，段階を踏んで練習する必要があります。ひたすら長い文のまま繰り返して練習させても効果は上がりません。また，「2−4　教師の指導から生徒の活動へ」にも通じる項目であると言えます。

　5−6　生徒とのやり取り

　これも授業の基本中の基本です。教師の一人芝居でなく，生徒とできるだけ頻繁に Interaction をしながら授業を進めていくことが大変重要です。

IV　Model Reading

　前段階の Oral Introduction を通して，生徒は音声中心で教材の概要を理
解しました。次に，教科書を開き，教材を文字として目にすることになりま
す。Model Reading は，原則として教師が肉声で行うのが望ましいと考え
ます。生徒は，教師の音読の声に合わせて，教材を目で追っていくことによ
り，教材の全体像を把握します。教師による Model Reading には，生徒が
音読する際の目標を提示する，という意味合いもありますが，そのためには，
むしろ Reading Aloud の段階で，改めてモデルを示すほうが効果的です。
なお，教材が会話文の場合は，教科書付属の音源を活用することも考えられ
ます。

V　Explanation

　Oral Introduction では，言語材料についても，題材についても，教材のすべてを扱いきれません。Explanation では，教科書を開いて文字を見ながら，教材のより深く正確な理解を図ります。Oral Introduction とあわせて，教材の 100 ％の理解を目指し，Oral Introduction とは補完的な関係にある活動です。英語だけでは扱いきれない事柄について，基本的に日本語で進めていきます。部分的に「日本語訳」的な説明はかまいませんが，通り一遍の置き換えや全訳とは異なります。授業準備の段階で，Oral Introduction に取り入れる内容と，Explanation で扱う内容のすみわけを整理しておく必要があります。

　なお，ここまでがインプットの活動であると位置づけることができます。

1．基本的な進め方

　後述するように，扱うべき事項は多岐にわたります。Model Reading に続き，改めて新教材のはじめに戻り，教師が音読しながら，必要なところで止まって，説明を加えたり，生徒に発問したりして進めていきます。ここでも生徒とのやり取りが重要で，教師の一方的な講義にならないように，生徒の理解を確認したり注意を喚起したりしながら進める必要があります。

2．扱う内容

(1) 文字・句読法など
　大文字小文字の使い分け，コンマ，ピリオド，引用符，コロン，セミコロン，ダッシュなどなどさまざまな符号の使い方などについて，学習レベルに応じて注意を喚起する必要があります。

(2) 語・句・文
　これらについては，日本語訳を与えると，理解させた気になりがちですが，具体的にはどういうことなのか，例えばどんなことを指しているのかなど，

母語を生かして，単なる「訳」にとどまらない，真の「理解」を目指した説明を心がけましょう。

(3) 文法事項・文構造

　特に中学校レベルでは，教室で場面を設定し，生徒との英語によるやり取りを通して，新出文法事項を生徒に理解させる，というのが，Oral Introduction の基本的な発想です。しかし，確認や補足のために，Explanation の段階で，明示的な説明（日本語による文法的な解説）をすることも時には必要であり，有効でもあります。ただし，説明に文法用語を濫用しないように注意しましょう。文法用語を知ることと文法を理解することは別物です。

　また，特に高校レベルでは，構造がやや複雑な長い文に出会うこともあります。日本語訳だけを与えて安心してはいけません。どうしてそのような意味になるのか，文構造の観点からの説明も必要な場合があります。

(4) 指示語

　文章中の人称代名詞が何を指すか，など文章の流れを理解するうえで重要です。

(5) 文と文のつながりや文章の展開

　全訳方式で進めると，1 文 1 文は理解させたけれど，文章の全体像がつかめていない，という状況は起こりがちです。文単位にとどまらず，文と文との関係や，段落がどのように組み立てられているのか，文章全体として何を言いたいのか，といった点にも注意を向けます。

(6) 題材の背景知識

　教科書はさまざまな題材を扱っていますが，分量や語彙の制約もあり，教科書本文の情報だけではよくわからないこともよくあります。背景知識を説明することで，題材の理解を深め，生徒に実感を持たせることができます。

3．補足・留意点

　1 時間の教材に対して，言語材料にせよ，題材にせよ，説明したいことは

山ほどあります。取捨選択して，必要十分な内容に絞り，Explanation が授業の中心になってしまわないように注意します。

　一方，「英語のみの授業」にとらわれて，限られた数の Q&A や True or False だけで，本文を理解させたことにしてしまったり，反対に，語彙や本文の日本語訳を配布することで，理解させたことにしてしまったりする授業が増えつつあるのも現状です。授業時間は限られています。その中で，有効な Explanation を展開できるよう，扱う内容と時間配分の両面からバランス感覚が求められます。

VI　Reading Aloud

　前段階の Oral Introduction と Explanation によって，生徒による 100 ％ の内容理解を目指します。ここまでが，インプットの段階です。そして，アウトプットの最初の段階が，この Reading Aloud ということになります。ですから，十分理解したものを音読する，というのがポイントです。

　新教材に入るとまず本文の音読をする，という授業を時々見かけますが，これは手順が逆です。理解した内容であってこそ，はじめて適切な音読が可能になります。

1．Reading Aloud の目的

　生徒は，Oral Introduction を通して，主として音声を中心に新教材の概要やポイントを理解します。次に Explanation で，教科書を開き，文字を見ることによって，細かい点も含めて教材の理解を深めます。そして，アウトプットの最初の段階として，教科書本文の音読を行います。この目的は，まず，文字と音声をしっかり結びつける，ということにあります。また，繰り返し音読することによって，文法や語彙なども含めて，教材全体の定着を図り，英語を「血肉化」する過程と位置付けることができます。

2．Reading Aloud の方法

　一般的には次の 3 段階が基本です。この直前に，教師が本時の教材全体を改めて Model Reading で示し，音読の到達目標を生徒に示すことも必要です。なお，音読練習は，CD 等の音源に任せるのではなく，教師の肉声で行うのが基本です。それによって，生徒の音読の状況を観察し，柔軟な対応が可能になります。機械的な音源では不可能な部分です。

(1) Chorus Reading
　フレーズごとに区切り，教師がモデルを示し，それにつけて生徒全員で音読していきます。生徒が音読するときに，教師は一緒に音読してはいけませ

ん。この際の教師の役割は，生徒が適切に音読できているかをしっかりモニターすることです。この時，教師も一緒に声を出したのでは，生徒の声が聞こえません。教師は生徒の声をよく聞き，必要に応じて同じ個所を繰り返したり，特に読みにくい部分をピックアップして練習したりして，通り一遍の練習にならないような配慮が必要です。

(2) Buzz Reading

　Chorus Reading で，生徒がほぼ読めるようになったと判断できたら，生徒各自がそれぞれのペースで全文を読む練習をします。教室全体が生徒の声でザワザワとします。それが buzz です。大事なことは，「それぞれのペースで」という部分です。周りの生徒とペースを合わせてはいけません。早く読み終わる生徒も，少し時間のかかる生徒もいます。全員が少なくとも 1 回は読み終わるように時間は十分とります。

(3) Individual Reading

　個々の生徒を指名して，全体を，あるいは数行を（場合によっては 1 文ずつでも）音読させます。個々の生徒が，音読の到達度を教師やクラス全体に示し，また自らも確認する段階です。教師は，簡単でよいので必ずコメントします。よければ "Good." などの褒め言葉を与え，必要なら修正すべき点を指摘して，読み直させるなどします。ただし生徒をあまり追い込まないように配慮します。

3. Reading Aloud の発展

　上記の 3 段階が基本ですが，さらに Overlapping や Shadowing などの練習方法もあります。また，Read & Look-up や，穴埋め音読などを経て，暗唱や発表活動へつなげることも可能です。

Ⅶ　Activities

　アウトプットの基本である音読を終え，次の段階では，その発展として，生徒主体のさまざまな活動を行います。

1.　Activities の目的

　ひとつは，文法事項や文構造など新出の言語材料に習熟するための活動として位置づけられます。また，題材内容に焦点を当てて，英語による発表活動を行う，といったことも考えられます。いずれの場合でも，生徒が主体的に英語を使う場面を設定し，練習としての要素も踏まえて，英語によるコミュニケーションの機会を提供することが主眼です。

2.　Activities の形態

　Reading Aloud までの段階は，どちらかというと教師が主体の活動でした。生徒が英語を使えるようにするための土台作りとして，これももちろん重要なステップです。ここからは，生徒が英語を使う機会を十分に与えるように配慮します。教師と生徒によるやり取りだけでなく，生徒同士のペアワークやグループワークも取り入れます。

　ただし，生徒主体の活動で気を付けなければならないのは，ペアワークやグループワークを「やりっぱなし」にしてはいけない，ということです。活動中，教師は机間指導をして，個々のペアやグループの活動を把握し，必要に応じてアドバイスをすることはもちろんですが，活動の後に，必ずクラス全体にフィードバックすることが重要です。いくつかのペアやグループにクラス全体に向けて発表をしてもらい，行った活動を全体で共有し，教師がコメントをします。

　さらに，余力や時間的余裕があれば，グループでプロジェクト的な活動を取り入れプレゼンテーションを行わせる，といった発展的な活動も考えられます。

3. Activities の内容

(1) 言語材料中心

　中学校では，言語材料中心の活動が多くなります。学んだ文法事項や文構造に習熟するためには，機械的なドリルも決して無駄ではありません。ただ，それだけで終わってしまったのでは，ことばを学んだとは言えません。ワークシートを用意して，ペアで対話をさせるといったこともよく行われます。その際，教科書や教師によって示されたモデルをなぞるだけではなく，生徒の自己表現や Plus-One Dialog，できれば即興などの要素も加え，生徒が実感を持ち，自分のものとして英語を使うような必然性を持たせることが重要です。教室はあくまで教室で，外の社会とは異なります。しかし，少しでも自然なコミュニケーションに近い活動になるように工夫しましょう。

　活動をゲーム化することもよく行われますが，何を目的とした活動なのかを教師がきちんと自覚し，これを見失わないようにすることが重要です。教師も生徒もゲームの形式ばかりに気を取られ，勝ち負けにこだわったり，スピードを競うために，肝心の英語による発話が雑になったり，ということが起こりがちです。教室は盛り上がったが，結局その活動で生徒は何を身につけたのか不明，ということにならないように注意しましょう。

(2) 題材内容中心

　高校レベルでは，題材内容を扱うことも多くなります。まとめの発表活動として，教師が導入で示した Oral Introduction を，生徒が行うリテリングも活用したい方法です。その際，やはり教師が示したモデルを単になぞるのではなく，生徒なりに内容を要約したり，新たな情報や自分なりのコメントを付け加えたり，さらには，聴衆に質問するなどして，生徒の自己表現の場となるように配慮します。

　音声による活動ばかりでなく，サマリーライティングのような書く活動を取り入れることも可能です。

Ⅷ　Consolidation

　1 時間の授業の確認やまとめの段階です。

　その授業で学んだ新しい言語材料について，教師から再度要点を説明するということもあるでしょう。実際にターゲットとなる英語表現を用いた対話を，教師と生徒で実際に行って確認する，ということもあるでしょう。また，授業の内容によっては，上記の Activities の最後の発表部分をまとめとして位置づけることも可能です。ここに提案した授業の流れは，音声中心なので，「書く」活動をまとめとする，ということもあります。

　さらには，次の時間までの家庭学習についての指示（宿題の提示）もここに含めて考えます。

　1 時間の授業は，さまざまな要素により，なかなか準備した指導案通りにいかないものです。時間が足りない場合が圧倒的に多いと思われます。ただし，授業時間の延長は極力避けます。いずれにせよ，大事なことは，あまりに中途半端な形で授業を終わらせることのないように，何らかの締めくくりが必要ということです。

【第 1 章参考文献】

語学教育研究所（編）（1988）『英語指導技術再検討』大修館書店
　　―（編）（2008）『語研ブックレット 2　指導手順再検討』語学教育研究所
小菅和也（2004）「オーラル・イントロダクションの考え方」『語研ジャーナル第 3 号』語学教育研究所 pp.7-16.
　　―（2010）「音声を重視した英語授業の考え方」『語研ジャーナル第 9 号』語学教育研究所 pp.39-46.
　　―（2017）「『英語の授業は英語で』の考え方」『武蔵野教育学論集 題 3 号』武蔵野大学教育学研究所 pp.57-67.

コラム1　小中連携・中高連携

　小学校で4年間英語に触れることになり，中学校と高等学校の学習を合わせると，大学を含めずに10年間英語を学ぶことになります。ある程度カリキュラムはリニアに繋がってはいますが，10年間を同じ学校の同じ教師が教えるわけではありませんので，その連携には注意が必要です。

1．小中連携

　小学校で本格的に授業として英語学習が導入されることにより，中学校入学時点の生徒は，以下のような状況にあると考えられます。
・英語という言語にある程度親しんでいます。特に音声には慣れています。
・慣れ親しんだ英語の表現については，その構造を無意識に理解し，発信もできますが，文法，語彙，発音のすべてについて，体系的には正確に学んでいません。
・話す練習をした英文を書く経験をしていますが，書くことに慣れているわけではありません。
・小学校においてすでに習得に差があり，「英語嫌い」になっている可能性もあります。また，学校間や指導者間の指導方法の格差も大きいと想定されます。
　したがって，中学校の導入期では，以下のようなことに留意しましょう。

(1) 導入のポイント
　小学校で触れてきた言語材料，すなわち，小学校で既習の文法事項や語彙を扱う時には，その言語材料を含んだ英語で実際に語りかけ，生徒の反応からその習得の程度を確認します。「I like 〜. でどんな意味になりますか。」と聞いて日本語で答えることができたとしても，英語でのコミュニケーションの中で使えるということにはならないからです。ある程度定着しているようであれば，学習内容を日本語で明示的に確認します。その後，練習のため

の言語活動を行って，小学校で学習した内容以上の表現力をつけていきます。言い換えれば，言語材料（文法事項）の Oral Introduction（pp.51-55 参照）の内容を工夫するということになります。

　また，中学校で新たに学ぶ言語材料については，新出であることを十分に意識し，無理のない導入を心がけます。ただし，小学校での言語使用の体験が，中学校での学習の土台となり，より一層充実した豊かなコミュニケーション活動が期待できます。

　小学校で一度学習した内容であっても，定着度を確認しながら，再度扱うことに問題はありません。何よりも，学習していても習得されていない内容を，中学校側が学習しているはずとして，その習得の度合いを確認せずに強引に先へ進んでしまうことは避けなくてはいけません。

（2）発音と書くことに正確さと理屈を

　発音については，新語の導入において正確さにこだわり，しっかりと練習する機会を設けます。一度誤って覚えてしまったものを修正することはなかなか困難です。必要に応じて調音の仕方や，日本語と英語の発音の違い等について，中学生の認知能力に合わせて一度しっかりと説明をしておく必要があります。教室以外で直接英語に触れる機会の少ない日本の英語学習者には，文法の知識だけではなく，発音についての明示的な説明は習得の一助になります。

　「書くこと」も発音と同様に正確さを求めます。アルファベットの成り立ちや大文字と小文字の役割，活字と手書き文字の違い，句読法等についても，しっかりと説明をします。小学校では，フォニックスを通して，ある程度は音と文字とを結びつけるイメージは育っていることも期待できます。しかし，例外が多く，スペリングをなかなか覚えられない，というのはよくあることです。これは，必ずしも学習者の問題ではありません。英語の歴史的な発達や変化の過程等について，中学生が納得するような説明を与えることも必要でしょう。

（3）小学校との違いを明確に

　中学校においては急に時間数が増えて，一度に学習する内容も増えていきます。また，多くの学習内容を効率的に指導する必要もあります。小学校で

の英語学習のイメージが強く残っていると，なかなか中学校での学習スタイルに切り替えられない生徒もいます。最初のうちはそのような生徒がいないか，注意をしながら進めましょう。たとえば，Chorus Reading では，教師のモデルの後について，全員で声を合わせて読ませますが，慣れていないため一緒に読めない生徒がいます。教師は個々の生徒にしっかり目配りして授業を進めることが大切です。

　中学校での学習で教師が生徒に求めている学習のスタイルを，早いうちに習慣化してしまうことが必要です。小学校での英語の学習ですでに英語嫌いになってしまった生徒もいる一方，心機一転，中学校ではがんばりたいという気持ちが生徒の心のどこかにはあります。その気持ちを踏みにじらないように，「小学校と同じように」ではなく，「中学校ではこのように」という教師のスタンスを明確に示したほうが，生徒としては安心します。

2.　中高連携

　高等学校入学時点の生徒については，英語学習に関して以下のようなことが考えられます。
・中学校で基本的な文法事項を学習してはいますが，そこで触れた語彙や表現は非常に限られたものであり，まとまった長めの文章を読む機会もあまりありません。
・中学2年生の半ばまでは，教科書の内容を予習することも難しい状況にあります。そのため，家庭学習はもっぱら復習にあてさせるという授業を受けてきた中学生にとっては，予習は習慣化されていません。
・辞書指導は一応行われますが，辞書を用いて自力で文章を読み進める習慣はありません。
・ペアワークで英語で話したり，グループワークを通して発表したりということには，多少慣れている生徒もいます。
・中学校入学時点よりも，英語の嫌いな生徒は多くなっています。英語の学習が進むにしがたい，語彙や英文の量が増え，学習が思うように進まず，困難さを感じる生徒は少なくありません。
　このような生徒を受け入れて，どのように授業を高校で進めていけばよいのか，以下に示します。

（1）英語の基本的な構造を習得できているか確認

　中学校での文法事項の学習を通して，英文の基本的な構造である「主語＋動詞」，さらに動詞のさまざまな形と働きが理解できているかを，まず見極める必要があります。英語は「述語動詞」が文の要になります。時間（「時制」）もここで表されますし，その動詞の働きや意味により，後に続く語句が決まってきます。さらに，進行形や完了形等の「相」や，能動態，受動態の「態」もここで表されます。しかも，この動詞の部分は主語と連動していて，三人称単数現在形のように，主語によっても変化します。また，疑問文や否定文もこの動詞をベースにして作られます。現実には，これら中学校で既習のはずの，be 動詞，一般動詞，疑問文，否定文，三人称単数現在形，進行形，過去形など，動詞に関するさまざまな情報を十分に消化しきれていない生徒も少なくありません。このような基礎的な部分が不十分なままで，高校レベルの内容を積み上げることは困難で，生徒の混乱をさらに招くことになります。時間の制約等もありますが，臨機応変に，折に触れて基礎的な事項について補い，確認しながら授業を進めることを心がけます。

（2）高校での英語学習のポイントを確認

　学ぶべき言語は同じでも，校種によってその目標は異なります。必然的に，授業で行うべきことも変わってきます。そのことは，高校に入学した 4 月の早い時点で，日本語でしっかりと説明して理解させておきましょう。中学では教科書が 1 種類しかありませんでしたが，高校は英語に複数の科目があります。それぞれの科目について，英語学習全体での位置づけや，その科目で期待されていることを明らかにし，もし予習を求めるのであれば，その目的を明確に示して，学習効率を上げる予習の方法を提示することが必要です。辞書を引く習慣づけも同様です。そして，最終的には，高校を卒業する時にはどのような英語の力をつけていて欲しいのか，一度はしっかりと教師の思いとともに伝えておきます。

（3）音声でまずは語りかけを

　小学校から中学校の 7 年間の学習で，かなり音声には慣れています。4 月はまずは中学校の教科書の語彙や表現を使って音声で語りかけ，中学校の時の英語でのやり取りを思い出させてください。Warm-up でのスモールトー

クでかまいません。そして，そこで少しずつ高校での語彙を使うようにして，難しい内容のテキストの Oral Introduction へと繋げていくことが重要です。

Take a break : tongue twisters

/s/, /ʃ/ の音の連続
The sun shines on shop signs.（店の看板に太陽があたる）

/t/, /s/, /ʃ/ の音の連続
To soothe her suitor she too sued her tutor.
（求婚者をなだめるために，彼女も家庭教師を訴えた）

/l/, /r/ の音の連続
Rows of roses all alone line the lonely road to Rome.
（ローマに続く人気の無い道に沿って，バラの木だけがずっと続いていた）

/k/ の音の連続
Cook cooked a cup of cold creamy custard.
（クックは，カップ1杯の冷たいクリーム状のカスタードを焼いた）

/v/ の音の連続
Vincent vowed vengeance very vehemently.
（ビンセントは非常に激しく復讐を誓った）

/b/ の音の連続

Betty Botter bought some butter.
"But," she said, "the butter's bitter.
If I put it in my batter,
It will make my batter bitter.
But a bit of better butter,
That would make my batter better."
So she bought a bit of butter.
Better than her bitter butter.
And she put it in her batter.
And the batter was not bitter.
So It was better Betty Botter
Bought a bit of better butter.

Betty Botter はバターを買った。
彼女は「だけどバターが苦いわ」と言った。
「もし生地に入れたら，生地が苦くなってしまう。だけどもう少しいいバターがあったら生地が良くなるでしょうね」
だから彼女は少しバターを買った。
彼女の苦いバターよりも良いバターを，
そして生地にそれを入れたけれど，生地は苦くならなかった。
だからいいことに Betty Botter はもっといいバターを少し買った

第2章

授業の流れに則して

Ⅰ　Warm-up

1. たかが Warm-up?

　授業が始まる瞬間，教師は準備万端でも，生徒は必ずしも気持ちが授業に向いているわけではありません。前時のプール指導が長引いて髪も乾かぬまま教室に駆け込んできたり，クラスのもめ事を引きずって妙な雰囲気だったり，生徒たちはいろいろな状況に置かれています。

　心がけのよい教師なら，始業時刻前から教室に入り，授業準備を進めながら生徒たちの様子をさりげなく観察し，どうしたら円滑に授業に入れるか当たりをつけているはずです。貴重な授業時間を無駄にしないためにも，黒板が整備されているか，使用する機器の動作確認なども，教師自身の Warm-up として行っておく必要もあるでしょう。

　いろいろな状況から何とか気持ちを切り替えて，生徒たちが英語の授業に向かっていけるようにするのが Warm-up の趣旨です。日本語の日常から，さあ，英語を使う時間だ，という雰囲気作りも大事な目的のひとつですから，教師自身が楽しそうに英語を使って行うのが理想的です。

　Warm-up が単に皆で声を揃えて "How are you?" "I'm fine, thank you. And you?" などと英語で挨拶をする程度のことだと簡単に考えている教師もいるかもしれませんが，Warm-up にはそれだけではない，他の重要な要

素も含まれています。Warm-up をおざなりにして滑り出しに失敗すると，後々の授業展開に大きな影響を及ぼすこともあり得るので，決して疎かにはできない活動です。

2．Warm-up で求められること

　まず何より，単純で，全員が英語で元気よく声を出し，短時間で終えることができる活動であることが大切です。特に，音声を大事にしようとする授業であれば，声を出しやすくするためにも重要です。いくら楽しい活動でも，あくまで Warm-up ですから，数分か長くても 5 分程度で収めることも重要です。

　生徒たちの気持ちを盛り上げつつも，教師としての冷静な仕事も忘れてはいけません。Warm-up の間，教室全体をよく観察し，出欠をきちんと確認し，元気のない生徒やいつもと違う様子の生徒はいないか，生徒たちの机上は英語の授業に向けて準備ができているかなど，確認する必要があります。

　前時の授業が特に盛り上がっていたときや，楽しい行事が近い場合など，生徒に落ち着きがないこともあり得ます。そういうときは，生徒たちの心が静まり，落ち着きを取り戻せるような活動ができると，子どもたちの気持ちも切り替わります。

　まれに，いつもとはかなり様子が異なり，このままでは授業に入りづらいなと感じる日もあるかもしれません。そのような場合には，多少その後の授業展開に修正が必要になっても，少し念入りに Warm-up を行い，生徒たちが授業に向かえる状況を確保することを最優先すべきときもあります。指導案メニューをこなすことより，生徒の学びの質を保証することの方が重要です。

3．活動例

　ここでは，普段の授業に取り入れやすい，いくつかの基本的な Warm-up の活動を紹介します。もしまだやってみたことがないものがあれば，少しずつでも継続的にチャレンジしてみてください。最初は上手くいかなくても，諦めずに続けていくと，生徒たちも慣れてくるので，徐々に円滑に Warm-up できるようになります。

(1) Small Talk

　Small Talk とは，「世間話，おしゃべり」という意味で，授業の初めに，生徒と何か英語で話をするということです。授業中は，生徒にやるべきことを指示したり，説明したり，モデルを示したりすることで英語を使うことがほとんどですが，Small Talk ではむしろ教師も生徒も，内容を楽しむために英語を使うことができる時間です。

　また，Small Talk は，それまで学習した英語を総動員して会話を楽しみながら，既習事項の復習と確認をする絶好の機会でもあります。生徒に対しても，教室で学習したことを使って，こんなやり取りができるのかという見本を示すことにもなります。

　具体的な内容としては，既に学習した文法事項を活用したやり取りを行ったり，生徒にとって旬な話題を取り扱った会話などが考えられます。

　例えば，合唱コンクールが近いときなど，どのクラスがどんな歌を歌うのか質問したり，個々の生徒に，どんなパートを歌うのか，仕上がり具合はどうかなど話題にすると楽しいでしょう。

　過去形を学習した後には，前の日にどんなことをしたか，週末に何をしたかなどやり取りをすることによって，単に新たな学習事項としての文法項目が，生徒たちの生活に根ざした言語使用に昇華できる格好の機会になります。

　いずれにしても，英語の学習と言うより，英語を使うことを楽しむことを主眼に行うことが重要です。

　入門期からでも Small Talk は成立します。よく行われている，儀式化した How are you? / What day is it today? / How is the weather? という質問をひとひねりして，出席簿に記入するとき，"Oh, is it Tuesday today?　Or is it Monday?" と問いかけたり，"Ah, right, it's Tuesday today. It was Monday yesterday." と返したりすることも，とても活き活きとした言語使用になります。

(2) 歌・チャンツ

　歌には不思議な魅力と作用があります。メロディに乗って口ずさむ歌詞は，何年経っても記憶が薄れず，口から自然に出てきます。音階はなくても，強

弱のリズムに乗せて口ずさむチャンツも同様の魅力があります。

　さらに，歌にはさまざまな効用があります。何よりも，声を出すいい機会になりますし，授業に向けて声を出すという Warm-up としても最適です。また，上手く強弱をつけたり，語の連結を意識したり，余計な母音挿入をしないように気をつけないと上手くリズムに乗れないので，発音指導にも効果が期待できます。そして，後で述べるように，適切な歌詞を選択すれば，授業内容の定着を高めることも期待できますし，英語圏文化の学びにつながることもあります。

　歌やチャンツを Warm-up の一環として利用する場合には，何よりも自信を持って声を出す習慣作りと楽しさが味わえる配慮が求められますので，ほとんどの生徒が無理なく理解でき，歌える題材を選択する必要があります。理解できない歌詞を元気よく歌うことはできませんし，それを無理強いすべきでもありません。少しずつ数回に分けて歌詞の理解も確保しつつ，例えば Song of the Month のように継続的に同じ歌を扱うとよいでしょう。

　始業前から教室に入って準備をするとき，英語の歌を流しておくのも雰囲気作りになりますし，興味のある生徒は一緒に口ずさむこともできるので効果的です。そうしてメロディに慣らしたあとで，授業の中できちんと歌詞を確認してその歌を取り上げると生徒も取り組みやすくなります。

　単に流行っているとか，生徒に人気だという単純な選曲をすると，英語の学習につながらない場合があります。歌詞の中に，学習したばかりの内容や，まもなく学習する予定の表現などが含まれていると，授業本体の内容と上手く結びついて，学習内容の強化が期待できます。

　例えば，不定詞を学習する前後で，不定詞が多く歌詞に含まれ，名曲として生徒も耳にする可能性が高い，Stevie Wonder の "I Just Called To Say I Love You" を取り上げると，学習した不定詞の例がメロディに乗って生徒の記憶に残りやすくなります。

　言語材料だけでなく，時節を配慮した選曲もよいでしょう。例えば，クリスマスの賛否は別として，クリスマス商戦が始まる頃に代表的なクリスマスソングを扱えば，それまでよく耳にしていた曲を歌詞を伴って聴くことができ，生徒にとって英語がより身近になるチャンスを作ってくれるかもしれません。

　生徒たちが楽しく歌え，学習のためにも役立つ選曲をするためには，生徒

たちがどんな英語の歌に接しているか，どんな曲が流行っているかについて，日頃からアンテナを張って意識しておく必要があります。

　歌には自信が持てない教師もいるかもしれませんし，そういう生徒もいるかもしれません。誰でも楽しく参加できるよう，歌にあまり自信は持てなくても，教師が生徒と一緒に率先して楽しく（少なくとも楽しそうに）歌うことが重要です。

　とは言え，ただ大きな声で歌えばいいというわけではなく，やはり英語の授業である以上，ポイントを押さえた発音指導をする必要もありますし，そういうことも含めて楽しく自信を持って歌えるように指導しなければなりません。

(3) ペアワーク

　既に紹介した Small Talk では，基本的に教師と生徒の 1 対多のやり取りになりがちです。このような基本を押さえる段階のあとには，ひとりひとりの言語使用に近づけることも望まれます。そのようなとき，ペアワークを活用できます。

　一例として，Small Talk のトピックをペアワークで発展させる活動を紹介します。過去形を学習したあとで，Small Talk で教師からクラス全体に "What time did you go to bed last night?" という問いかけをします。生徒が口々に答えるのを待って，数名に指名して Q&A を行ってもいいでしょう。そのあとで，"Now, please ask your partners the same question." と指示して，予め決めてあるペアで交互に同じ質問をして答えます。このとき，教師は教室をぐるりと回り，やり取りの様子をモニターします。ペアの Q&A が一段落したら，生徒を指名するか挙手を求めて，"What time did your partner go to bed last night?" と問いかけ，質問した相手のことについて答えます。必要に応じて，その他の生徒に "How about your partner?" と振ったり，"Why so late?　What were you doing?" または "What time do you usually go to bed?" などと変化球を投げてみるのも楽しい活動になります。

　ここでのポイントは，単調にならず，既習事項をふんだんに活用して，内容を伝え理解することを楽しむ活動になるようにすることと，ペアでのやり取りを土台として，それをクラス全体での活動に広げていく工夫です。

　なお，気をつけなければならないのは，Warm-up の中で行うペアワークは，あくまで単純なものにとどめるべきで，やり方を細かく説明しなければならないようなものは避けるべきです。単発的な活動ではなく，生徒がやり方に慣れるように，同じ活動を継続的に行うことも成功の秘訣です。

　あわせて，一般的にいろいろな場面でペアワークを利用する際に気をつけるべき点や工夫について，ここでまとめておきます。

　ペアワークの利点としては，生徒個々の活動量が増える，形式・内容ともに自由度のある言語運用が可能になる，仲間との学び合いや協力関係を促進できる，現実に近いコミュニケーション活動を行える，などが考えられます。しかし，形式だけペアワークとして活動しても，かえって学習効果が得られない場合もあるので注意が必要です。

　注意点としては，1）下準備をきちんと行い，生徒が何をすべきか明確にしておくこと，2）活動中にしっかりと学習者を観察すること，3）的確なフィードバック与えること，が挙げられます。

　1）については，活動の複雑さにもよりますが，説明だけでなく，実際に例としてやって見せたり，確認の練習を設けたりすることも必要かもしれません。日本語の使用を抑制する工夫も求められます。2）については，生徒の活動中には教師は全体で共有したくなる興味深い反応や，多く見られる誤りなどについて，しっかりと情報収集しなければなりません。それをきちんと行えば，3）の的確なフィードバックにつながります。多く見られる誤りについて補足説明をしたり，全体で簡単に補足練習したりすることも重要です。

　ペアを組ませる方法は，教室の机の配置にもよりますが，もっとも多いのは隣同士のペアでしょう。席替えの頻度によっては偏りも生じがちなので，これに加えて前後や出席番号順の組み合わせなど，いくつかパターンを用意しておくとよいでしょう。

　また，一列おきに生徒をローテーションさせ，ちょうど盆踊りかフォークダンスのようにパートナーを次々と変えていく方法もあります。これは，例えば同じタスクでも相手を変えて繰り返し取り組むことによってより円滑に行えるようになり，異なる相手からさまざまな反応を楽しめるという利点があります。

4.　いわゆる「帯活動」について

　「帯活動」とは，Warm-up や復習の機能を兼ね備えたような，授業の内容とは必ずしも連動しない 10 分程度の継続的な活動の総称です。具体的にはビンゴなどのゲームや，対訳表現集などのペア練習が多いようです。

　帯活動自体に長い見通しを持った目標がある場合は，継続的に取り組むことによって成果が期待できます。また，毎時間定型的な活動を行うことによって，生徒も気持ちの切り替えが自律的にできるようになるという効果も期待できます。

　簡単な Warm-up であれば 5 分もかからずに切り上げることもできますし，柔軟な運用も可能ですが，帯活動として位置づけると少なくとも 10 分程度は費やすことになり，中高の授業であれば全体の 2 割を充てることになります。

　帯活動を取り入れる際には，毎回の授業時間からそれだけの時間を割く意味があるか，どのような目標を持って帯活動に取り組むのかなど，明確な目標意識を持つ必要があります。決して「何か帯活動を入れなければ」という本末転倒なアプローチにならないようにすることが大切です。

II Review

1. 復習のねらいとタイミング

　Warm-up でも触れましたが，教師は授業開始時にやる気満々でも，生徒にとって英語はいろいろな教科の一つに過ぎず，必ずしも心の準備ができていなかったり，前回の授業のこともおぼつかないこともあり得ます。そのままでは，新しい学習内容がスムーズに理解できない懸念もあります。

　そこで，これから始める授業に生徒が無理なくついてこられるよう，前回の授業内容について振り返って記憶を呼び覚まし，理解度を確認するための時間を設ける必要があります。これをきちんと行うことによって，本時の授業内容を無理なく導入でき，生徒が理解できるようにするのが，復習のねらいです。

　タイミングとしては Warm-up のあと，授業の始まり 5〜10 分程度で収まるようにします。しかし，内容によっては Warm-up を兼ねたり，前時の授業の様子次第では少し長めに時間をかけて取り組むことも考えられます。新たな単元に入る場合には，過去の学習した関連事項を踏まえる必要がある場合などを除き，復習は必要ないケースもあるでしょう。

2. 気をつけるべきポイント

　復習を計画したり取り組むにあたり，注意すべきことについてまとめておきます。

(1) 時間をかけすぎない
　よく見られる失敗例としては，ついつい念を入れすぎて時間がかかりすぎてしまうことがあります。そのせいで肝心の本時の授業内容に十分な時間をかけられず，さらに次の時間に念入りな復習が必要となるという悪循環に陥ることもあります。そういう失敗が続くと，とても切れの悪いところで授業時間切れとなり，続く授業も，1 時間ドラマの残り 15 分から見始めるような，妙な構成になってしまいかねません。

(2) 家庭でのがんばりが報われるように

　入門期の頃から丁寧に学習習慣やリズムが身につくような指導をしていれば，家庭での復習もある程度期待できるようになります。そうして子どもたちが家庭で時間を取り，取り組んできた復習が，教室の授業で報われるような内容の復習になるよう心がける必要があります。

　英語が必ずしも得意ではない生徒でも，家庭で少しでも時間を取って確認したことによって，教室での復習で「わかった」という達成感が味わえると，その後の学習にもよい影響を与えることになるでしょう。

　そのためには，授業後にどのような復習を家庭でしておけばよいか，生徒にあらかじめ示しておくことも大切です。また，あまりいろいろな方法を使うよりも，毎時同じような復習の活動を使うほうが，生徒も安心して復習し，教室でその成果を示すことができるはずです。

(3) よくできる生徒に惑わされず

　よくできる生徒ほど声は大きい傾向があるので，どうしても一部の生徒のパフォーマンスに惑わされがちです。一見多くの生徒が理解できているように見受けられても，未消化の疑問を抱えていたり，わからないことを言い出せない生徒がいることを忘れてはいけません。

　復習をしながら，そういう生徒も理解していなかったことに気づき，確認ができるのが理想的な復習です。生徒同士で協力して，互いに助け合えばさらに望ましい復習になります。復習に一緒に取り組むことによって疑問を解消でき，仲間や教師に遠慮なく質問や確認ができる教室の雰囲気作りも重要です。

(4)「教師根性」を抑えて

　教師はともすると，設問をひねりすぎてしまうことがよく見受けられます。理解の確認を念入りに行いたいばかりに，復習での問いかけや練習課題を必要以上に複雑にしたり，難しいものを与えてしまっては，これから授業に取り組もうという生徒の出鼻をくじき，逆効果になりかねません。

　前時の授業をきちんと消化していれば確実にできるような，必要十分な難易度の活動を心がける必要があります。

(5) 音声か文字か

　授業の冒頭で行われることが多く，また授業展開も音声が中心で行われる場合には，復習も音声中心で行うことが多くなります。Warm-up とも併せて，しっかりと声を出すというねらいを持って音声で行われることもあるでしょう。

　内容によっては，ノートに書いてきたことをもとに確認したり，何かその場でノートに書かせるような活動を復習に採り入れることも考えられます。

　前時の内容と本時の展開にふさわしい形式の復習を行うというのがいちばん大切なことです。

(6) 場合によっては授業の軌道修正も

　必要以上に時間をかけすぎないことも重要ですが，かなり多くの生徒が理解できていなかったり誤解しているなど，そのままでは本時の内容がしっかり消化できないなど重大な影響が出る恐れがあるときには，本時の授業展開をある程度変更してでも復習に時間をかける勇断が求められる場合もあります。そのような状況でも，授業ひとこまのまとまり感が極度に損なわれないよう，臨機応変な判断が求められます。

3．活動例

　ここでは，復習で利用しやすい活動について，具体例を紹介していきます。これらに慣れ親しんだら，具体的な復習のねらいに応じていろいろ工夫してみるといいでしょう。

(1) 音読（Reading Aloud）

　もっとも利用しやすく，手軽で効果的な復習の活動が音読です。前時にしっかりと個人で読める程度まで音読の指導をしていることが大前提です。授業では 1 度も音読させていないのに，家で CD などの音源を聞いて練習してくれば大丈夫，などという乱暴な復習にならないようにしてください。

①一斉読み（Chorus Reading）

　家庭で音読に取り組んでくるように指示している場合でも，一度は教師のモデルに続いて一斉読みをすると生徒の記憶も呼び覚まされ，教師にとって

も誰が自信を持って音読できているか観察する機会にもなります。

②個人読み（Individual Reading）

　一斉読みだけで終わらせず，時間の許す限り多くの生徒に個別に読ませることが重要です。斉読では拾いきれなかった間違いなども個人読みでははっきりと確認でき，指導もしやすくなります。

　取りあえず読めた，というだけでも褒めてやりたい気持ちも無理ありませんが，生徒が気持ちを害さないように留意しながら，より上手く読むためのフィードバックを与えることも忘れてはいけません。

　助言するタイミングにも注意が必要です。生徒との信頼関係がしっかり築けているならば，直後に指摘するほうが効果的でしょう。そしてすぐに全体でも一緒に練習し直せば，その生徒だけに恥をかかせることは避けられます。そうではない状況ならば，数名に読ませたあと，それらに一括して助言をするようにすると，個人に過度のプレッシャーを与えずに済むでしょう。そして，それらについて全体でもう一度練習する必要があることは言うまでもありません。

　誰を指名するかについてもいろいろな要素が関係してきます。ひとつの方法としては，家庭でしっかり練習してきた成果を発表する機会として，希望する生徒に読ませるという方法があります。そういう機会が必ず設けられると生徒がわかっていれば，家庭での練習にも実が入りやすくなります。ただし，いつも同じ生徒ばかりにならないような配慮は必要です。

　別の方法としては，完全にランダムに指名していく方法があります。偏りなく達成度を確認できる反面，自信のない生徒にとってはかなりの精神的な負荷がかかることは留意しておく必要があるでしょう。最初の斉読時の観察に基づいて，しっかり読めていそうなのに挙手をためらっている生徒に光を当てたり，逆に家庭で練習さえすればもっと読めるはずなのに，という生徒に読ませてみることも考えられますが，これも生徒との信頼関係が大きく関係してきます。いずれにしても，できる生徒だけにやらせて，皆ができたように思い込んでしまうということは絶対に避けるべきです。

③ペア読み（Pair Reading）

　個人読みほどプレッシャーを感じさせず，できるだけ多くの生徒に機会を与えるために，ペアで音読をさせることもできます。

　ただし，ペア読みが効果を発揮するためにはいくつか必要な条件がありま

す。まず，前時の授業で教師がしっかりと音読の指導をしていることです。そして理想的には，聞き手の生徒が読み手の明らかな間違いや読めない部分について，指摘や手助けができるくらいになっていると，ペア読みも安心して採り入れることができます。ペア読みをさせている間，教師は教室を回り，生徒たちのパフォーマンスをしっかりとモニターして回ること，そしてペア読みのあとに，気になる点について指摘したり，練習させたりすることが必要です。

　これらの条件が揃わないと，ただダラダラとペアで読んだだけ，ということになるばかりでなく，より上手く正しく読むということに対する生徒たちの感覚が鈍化してしまい，授業全体にいい加減な雰囲気が蔓延しかねません。

(2) 暗記・暗唱

　教科書の本文や重要表現などを授業で扱ったあと，家庭学習としてそれを覚えて書いたり言えたりできるように宿題として指示した上で，次の授業の復習として暗記や暗唱を行うことができます。

　覚えてきたことを，何も見ずにノートなどに書くように指示することもできますが，入門期の場合は注意が必要です。言えるようになったことを書くのではなく，正しく発音できなくても，強引なローマ字読みを頼りに丸暗記して書こうとする場合があります。まずはきちんと言えるようにするのが基本であることが徹底するまでは，教室での復習は音声で行うのが賢明です。

　学年が進むにつれて本文をすべて暗記するには長過ぎる場合などは，段落を指定したり，一部分だけを対象にするといいでしょう。教科書の文に限らず，例えば前時のまとめの活動で自己表現を含む活動を行ったあと，次の時間の冒頭に，それを何も見ずに発表するという復習も考えられます。

　記憶や再生の仕方についてもいくつか注意が必要です。まず，覚えることばかりに注意が向かってしまい，肝心の音声面の抑揚や発音，内容表現などが疎かになってしまわないように気をつける必要があります。アイコンタクトやジェスチャー，間を取ることなどに配慮させながら発表させるといいでしょう。さらに，いわゆる「丸暗記」にも注意が必要で，覚えてはいても，語句を入れ替えるなどの応用が利かないことがあります。適宜，情報を置き換えて練習確認をするなどして対応する必要があるかもしれません。

　取りあえず覚えたことが再生できたから OK というレベルに留まらず，自

分の気持ちや内容を言葉に乗せて音声化するということを求めることがポイントです。

(3) 英問英答

前時に学習した教科書の本文や対話に関して，英語で質問して生徒に答えさせ，内容の理解や文構造についての定着を確認する復習です。いきなり質問に入らず，まずは Model Reading を聞かせたり，全員で斉読してから始めるとよりスムーズに行うことができます。

教科書の本文にはない，Oral Introduction で追加した内容などについても質問することで，日頃から生徒の Oral Introduction に対する注意を高めることが期待できます。

全体に対して発問したあと，ひとりの生徒を指名して答えさせるだけでなく，全員で答えを唱和することによって，より多くの生徒が英語を口にすることができます。コミュニケーションとしての不自然さは伴いますが，既習事項を振り返るという復習の目的を優先すれば許容範囲でしょう。

文章の内容だけでなく，文法的な事項も口頭でのやり取りを用いて復習させることは可能です。例えば，過去形を導入したあとの授業で，教師が過去形を用いた発問をして生徒に答えさせ，答えた生徒は近くの生徒に同じ質問をする，というやり方が考えられます。

T：A-kun, did you study English yesterday?

A：Yes, I did.

T：Good. Ask B-san.

A：(to B) Did you study English yesterday?

B：No, I did not.

T：(to C) C-kun, did B-san study English yesterday?

C：No, she did not.

ペアでのやり取りを組み合わせて，より多くの生徒に発話させることもできます。教師が発問したことを，そのあとでペアで質問し合うように指示します。

T：What did you eat last night?　How about you, D-san?

D：I ate curry and rice.

T：I see. Now everyone, ask your partners.

Ss：What did you eat last night?

　これらに加えて，挙手して答えさせる方法や，仲間の答えを確認するような問いかけも組み合わせると，単調にならず，よりコミュニケーションに近い形のやり取りが可能になります。

　あとは，理解や習熟度を確認するという復習の主な目的を意識して，いろいろな形式で行ってみるといいでしょう。

(4) リテリング

　既習のまとまった内容を思い出しながら，自分の言葉を使って発表することをリテリングといいます。授業の締めくくりの発表活動としてよく使われる活動ですが，復習でも活用することができます。

　まずは前時の Oral Introduction の簡略版を教師がモデルとして見せ，それを行いながら前時に用いたピクチャーカードや単語カードなどのビジュアルを黒板に配置しておくと，生徒もリテリングしやすくなります。発表方法について，初期の段階から立ち位置や向き，指さし方や視線なども折に触れ指導しておくと，形式面での発表力が高まります。

　自分の言葉で発表するとは言っても，中学校段階では教科書の音読にしっかり取り組み，暗唱をベースにしないと難しいかもしれません。初級レベルでは，暗唱でもかまわない，可能なら自分の言葉を付け加えたり，一部を変えたりして発表してみよう，というやり方でも十分です。

　暗唱とは異なるので，自分の言葉・表現を積極的に使わせる工夫をすることも必要です。「プラス・ワン」という，元の文章のどこか一箇所を変えたり追加したりして発表するという活動から始め，徐々に変える範囲を増やしていくといいでしょう。どこが工夫されていたかを確認しながら仲間のパフォーマンスを聞くことにより，聞き取りに集中することを促し，いろいろなバリエーションのインプットに触れることにつながります。

(5) 小テスト

　これまでは音声による復習の活動を紹介してきましたが，書くことについての理解度を確認したい場合は，筆記による小テストの形式で復習を行うこともできます。

　回収が必要ない場合は，手早くノートに書かせる方法もありますが，ひと

りひとりの達成状況を確認したい場合は，小さめの用紙を配布して回収する方法も考えられます。氏名欄と罫線（入門期の場合には 4 線）を印刷した用紙をたくさん用意しておくのもいいでしょう。

　具体的な内容としては，語句を書かせる，日本語を与えて英語を書かせる，英語を聞かせて書き取らせるディクテーション，などが考えられます。いずれの場合も，手際よく短時間で終えられるよう，口頭で指示を与えるのがいいでしょう。

　採点方法ですが，各生徒が自分の解答についてすぐに確認できるという意味では，自己採点がもっともよい方法かもしれません。しかし，採点の公平性を考えると，パートナーによる採点のほうが信頼できる場合もあります。クラスの信頼関係にもよりますが，自己採点後，パートナーにチェックを受けてサインをもらう方法もあります。

　教師が自ら採点はしなくても，採点済みの解答用紙に目を通すだけでも，かなり多くのフィードバックが得られるはずです。ただでさえ激務を抱える教師ですから，無理に採点を抱え込んで授業準備に差し障るのは本末転倒です。

Ⅲ‐(1)　Oral Introduction（中学校編）

1. Oral Introduction の実際

　ここでは，中学校1年生用教科書教材を取り上げます。教材は以下の通りです。

New Crown English Series, Book 1（三省堂, 平成27年文部科学省検定済）
Lesson 6 My family（下線は著者：新出語, 図版は省略）

GET Part ①
ブラウン先生が，健たちに家族の写真を見せています。
　These are my parents.　They are from Scotland.　They live in London now.
　My father drives a taxi.　He knows every street there.　My mother teaches art.　Those are her pictures.

GET Part ②
ブラウン先生が弟を紹介しています。
Ms Brown：This is my brother, Peter.
　　Ken：What's in his hand?
Ms Brown：A cricket bat.　It's like a baseball bat.
　　Ken：Does he play cricket?
Ms Brown：Yes, he does.　It's popular in my country.
　　Ken：Does he play baseball too?
Ms Brown：No, he doesn't.

GET Part ③
ブラウン先生が妹を紹介しています。
Ms Brown：This is my sister, Jean.
　Kumi：Does she play cricket too?
Ms Brown：No.　She doesn't play sports.　She is a musician.　Look.
　Kumi：What does she have in her hands?
Ms Brown：She has bagpipes.　She often plays at festivals.

中学校 1 年生 2 学期，いわゆる「三人称単数現在形」が初めて出てくるレッスンです。この Get Part ①を扱います。

(1) Oral Introduction

　中学校の授業では，多くの場合，いきなり教科書本文の内容を導入することはありません。まず文法事項の導入を行ってから教科書本文を扱います。つまり，導入は文法事項と題材内容の 2 段階に分けて行います。1 時間の授業の中で両方導入できることもあれば，別の時間に分けて行う場合もあります。(レッスン全体の指導計画については，2.（pp.58-63）で詳しく述べます。) まずは「三人称単数現在形（以下，三単現）」の導入を考えてみましょう。なお，下線部はポイントとなる表現です。

① Oral Introduction 1 （文法事項）
※生徒にリピートさせる箇所は下線で示しています。(板書計画は p.58「①文法事項導入時の板書」参照)

T：What sport do you play, S1? ［サッカー部の生徒 S1 を指名］

S1：Soccer.

T：Oh, you play soccer.　Say, "I play soccer."

S1：I play soccer.

T：Good.　How about you, S2? ［バレー部の生徒 S2 を指名］

S2：I play volleyball.

T：I see.　You play volleyball.　Who is on the volleyball team?
　　Anyone else? ［S3, S4 が手をあげる］OK.　You play volleyball.

T：Now, class.　Look at these pictures. ［石川佳純・伊藤美誠・平野美宇の写真を貼る］Do you know these women? ［生徒に聞きながら各選手の名前を確認］What sport do they play?

Ss：Table tennis.

T：That's right.　They play table tennis.

T：Do you know this man? ［桃田賢斗の写真を貼り名前を確認］What sport does he play?　Table tennis?　No.　Badminton.　He PLAYS badminton.
　　［これまでのやり取りをまとめて言う］<u>Kasumi, Mima and Miu play</u>

table tennis.［play を板書］Kento plays badminton.［plays を板書］
［以下，予想される生徒の反応は（　）で示しています。］

T：［体育の先生の写真を貼り］Who is this man?（Mr Ito.）Right.　This is Mr Ito.［別の体育の先生の写真を貼る］Who is this woman?（Ms Mori.）Yes.　This is Ms Mori.［2人の写真を指す］Are they PE teachers?（Yes.）Yes, they are PE teachers.　They teach PE.　Mr Ito and Ms Mori teach PE.［3人の数学の先生の写真を貼る］Who are these teachers?　They are Mr Oka, Ms Wada and Ms Abe.　What subject do they teach?（Math.）Right.　They teach math.　Mr Oka, Ms Wada and Ms Abe teach math.［音楽の先生の写真を貼る］Who is this man?　He is Mr Endo.　Mr Endo teaches ...（Music.）Right.　Mr Endo TEACHES music.　By the way, what subject do I teach?（English.）Of course, I teach English.（You teach English.）［最後に下線部をまとめて練習し，teach と teaches を板書］

T：I am from Ehime, but now, my house is in Chiba.［関東地方の地図を貼り，千葉県に家のイラストを貼る］This is my house.　I live in Chiba.　You all live in Tokyo, right?　How about your teachers?　Who lives in Tokyo?［東京に住んでいる先生たちの写真を貼り，東京の地図と結ぶ］Mr Ito, Ms Wada, Ms Abe, Mr Oka and Mr Endo.　These teachers live in Tokyo.［live を板書］How about Ms Mori?　She lives in Kanagawa.［森先生の写真を神奈川の地図と結び lives を板書］Where do I live?（You live in Chiba.）How about you?（I live in Tokyo.）

②文法事項導入の留意点

ア．適切な Context の設定

　文法事項の導入で大切なことは，その文法事項を使うのに適した場面（Context）を設定することです。三人称を扱う場合，話し手である自分と聞き手である相手以外はすべて三人称ですから，材料は無限にあります。ここでは誰もが知っているスポーツ選手と，生徒にとって身近な学校の先生を取り上げました。生徒が既に知っていることを英語で言うわけですから，絵

空事ではなく実感を伴って英語を使うことができます。特に生徒や先生の好きなこと，部活動などの情報は多くの場面で活用できます。日頃から生徒や他の先生がたと良好な人間関係を築き，授業で気軽に言える雰囲気を作っておくことも大切です。

　写真などを使わずに，生徒とのやり取りをそのまま利用して，三単現を導入することも可能です。例えば S1 が I play soccer. と言ったら，それをクラス全体で S1 plays soccer. と言い換えをしてリピートする，ということです。ただしこの場合，誰に向かって言うのかが曖昧にならないよう，動作や顔の向きに注意が必要です。また全体のリピートで，S1 だけは同じ文を言えないことにも気をつけなければなりません。

イ．Contrast を意識する

　Context を設定する際，既習事項と新出事項の対比（Contrast）を明確にし，何が新しいのかを際立たせることが重要です。いきなり新出事項に入るのではなく，既習事項を使って生徒とやり取りし Small steps を踏みながら新しいことに導いていきます。つまり 10 のうちの 9 は既習事項で，そこに 1 つだけ新しいことを加えるのです。先の導入例で，具体的にどのような対比が用いられていたかを見てみましょう。

　生徒たちはこれまで I と you の世界だけで一般動詞を使ってきています。まずその復習として，1 人の生徒に I play soccer. と言わせ，教師が You play soccer. と返します。play という動詞やスポーツの名前は既習です。

　次にスポーツ選手や学校の先生を使って，初めて自分と相手以外の人を説明する三人称の文へと移ります。このとき，いきなり三人称単数を扱うのではなく，三人称複数と対比しながら導入します。実は，三人称複数の主語と一般動詞の組み合わせも生徒にとっては初めてです。三人称の 2 人以上の場合と 1 人だけの場合とを対比し，1 人のときだけ動詞の部分が今まで習ったものと異なることに気づかせます。

　ここで，最初に提示する動詞として既習の play を使ったことにも意味があります。教科書では三単現の初出の動詞は drives ですが，drive 自体が未習なので，生徒にとっては新語と新出文法事項とが重なり，何がポイントなのかがわかりません。新しい文法事項を導入する際は，既習の語句を用いるのが原則です。

　他の文法事項を導入する場合も，このような Contrast（対比）を意識して文脈を設定するとよいでしょう。例えば，現在完了（完了用法）を導入する時は現在進行形と対比する，This is .... と対比して These are .... を導入する，といった具合です。通常は２つのうち片方が既習であることが前提ですが，my と your，this と that のように対立する概念は，両方一度に導入したほうが理解しやすい場合もあります。関連あることをまとめて指導することは，むしろ効率的です。

ウ．Oral Practice を多く取り入れる

　文法事項の Oral Introduction では，新出文法事項を教師が提示し理解させたあと，生徒にその文を繰り返し言わせる Oral Practice が多くなります。先の導入例では，個々の練習場面は省略していますが，下線を引いた文は，第１章 p.11 の⑤で述べた手順（教師のモデル→全体でのリピート→個人数名の指名→もう一度クラスで言う）により，最終的には教師が写真を指すだけでその文を言えるようにまで指導します。

　このあと，教科書内容を導入する前に，既習の一般動詞を用いたドリルをたくさん行ってもよいでしょう。play → plays が言えたからといって，他の動詞にすぐ応用できるとは限りません。eat → eats，cook → cooks などを含む文を言う練習をさせることもできます。このとき，空虚な練習にならないよう視覚補助を適切に使いながら言わせるようにします。

エ．板書は最小限にとどめる

　ターゲットとなる文を１〜２回言っただけで，すぐに全文を板書してしまう授業を見かけることがあります。しかし一度書いてしまうと，生徒はそれを目で追って英語を言おうとし "oral" introduction とは言えなくなります。

　導入の際の板書は，原則として語や句のレベルに留めます。もちろん「音声で導入してから書く」という順序は鉄則です。今回の例では，play，plays のような動詞の部分だけを板書しました。このほうが，何がポイントなのかがわかりやすく，板書する時間も短く，導入の流れが途切れずにすみます。全文を書くのは，導入の最後に口頭で練習した文をまとめて確認するときです。

オ．できるだけ教科書内容につながるようにする

　文法事項の導入は，教科書とは別の場面を設定して行われることが多いのですが，できるだけ教科書の内容につながるような配慮もしておきたいものです。似たような題材を扱ったり，言語材料を先取りしておいたりすることで，それが可能になります。

　中学校の教材は文章量が少ない割に新語の占める割合が大きいのが普通です。今回の教科書本文もたった 7 文，語数にして 31 語，そのうち 10 語が新語です。教科書を扱う際の負担を少しでも減らすため，先の導入例では，新語の live と teaches を先取りして使いました。学校の先生を取り上げたことも，Brown 先生のお母さんが美術を教えていることにつながります。

　ところで，教科書の語句の欄の記載は teach(es) となっているのですが，この （　） の意味を生徒は正しく理解できるでしょうか？　名詞の複数形も parent(s) のように示されており，混乱する生徒がいるかもしれません。やはり中学 1 年生には，実際に teach と teaches を使い分けながら覚えてもらうしかありません。そういう場を提供するのが Oral Introduction の役割です。「今まで使ってきた一般動詞には 2 つの形があり，主語に応じて使い分けなくてはならない」ということをわからせるため，live も lives と対比して使いました。

　もうひとつ。教科書では these が既習で those が新語です。実は，この教科書では These are .... / Those are .... は重要な文法事項としては取り上げられていません。these だけは練習問題の中に 1 度出てきていますが，生徒が覚えているとはとても思えません。「三単現」だけでも大変なのに，これも新出事項となっては大きな負担になります。可能であれば these と those はあらかじめ別の場面で導入し既習事項にしておくとよいでしょう。前出の導入例の中で，先生がたの写真を指して These teachers .... をリピートさせる場面がありますが，そこで生徒たちが Those teachers ... と言ってくれるようにまで指導しておきたいものです。

③ Oral Introduction 2（題材内容）

(Brown 先生はイギリス出身の ALT という設定です。板書計画は p.58「② 題材内容導入時の板書」参照)
T：[Brown 先生の絵を貼る] Who is this woman, S1?

S1：She is Ms Brown.

T：Right.　Where is she from, S2?

S2：She is from the UK.

T：Good.　Look at this map.［4つの国に色分けされたイギリスの地図を貼る］This is the UK, the United Kingdom.　The UK has four countries.　Do you know the names of these countries?

Ss：［イングランドなどと口々に言う。］

T：［4つの国を順に指しながら］This is England, Scotland, Wales and Northern Ireland.［4つの国名を板書］

T：Where is Ms Brown from?　She is from London, England.
　［Londonの場所に印をつけLondonを板書］
　She lives in London now?

Ss：No.　Japan.

T：Right.［日本地図を貼る］She lives in Japan now.　How about her family?　Do her mother and father live in Japan?　No, they don't.　They live in the UK.　Let's look at her mother and father.［Brown先生の父の絵を貼る］This is Ms Brown's ..., S3?

S3：Father.

T：Yes.　This is Ms Brown's father.　How about this woman, S4?
　［Brown先生の母の絵を貼る］

S4：Ms Brown's mother.

T：Right.　This is Ms Brown's mother.［ブラウン先生の父と母の絵をまとめて指す］These are Ms Brown's parents.　I say "These are ...", but you say "Those are ...."

Ss：Those are ....

T：Ms Brown's parents.

Ss：Ms Brown's parents.［parents板書］

T：Those are Ms Brown's parents.［両親の絵を離れたところから指して言う］

Ss：Those are Ms Brown's parents.

T：They are not from London, England.　They are from ...,［地図のスコットランドを指して］S5?

S5：Scotland.

T：Yes.　<u>They are from Scotland.</u>　But now, they don't live in Scotland.　They live in ...［ロンドンを指して］, S6?

S6：London.

T：Good.　<u>They live in London now.</u>［タクシーの前に立っている Brown 先生の父の絵を貼る］Look at this picture.　What is Ms Brown's father's job, 仕事？

Ss：タクシードライバー.

T：Yes.　He is a taxi driver.　He drives a taxi.　I drive a car.　<u>He drives a taxi.</u>［drives, taxi 板書］Look.［ロンドン市街地の地図を貼る］This is a map of London.　This is Buckingham Palace, Big Ben ....［地図上の street を指す］What is this, S7?

S7：道？

T：Yes.　This is a <u>street</u>.　These are streets.　Wow, many streets!　Taxi drivers in London know all of these streets.　<u>Mr Brown knows every street in London.</u>［knows, street を板書］

T：Now, look at Ms Brown's mother.［絵筆を持った Brown 先生の母の絵を貼る］What's her job?

S8：画家？

T：Yes, she is a painter and a teacher.　<u>She teaches art.</u>［teaches, 板書］［お母さんの背後にある絵を指す］Do you see the pictures behind her?　<u>Those are her pictures.</u>

④教科書本文導入の留意点

　文法事項をせっかく英語で導入しても，教科書の内容は単語の意味を日本語で確認し，訳して音読して終わり，という授業をよく見かけます。しかし教科書の内容も「英語で」導入すべきです。

　生徒は予習をしていないので，イギリスのことも Brown 先生の家族のことも知りません。ともすれば教師の一方的な語りになりがちです。しかし，中学校の教科書には挿絵も多く，ピクチャーカードもあります。視覚補助を用い，生徒に問いかけながら進めます。生徒が答えられるかどうかわからない場合（例えばイギリスの４つの国名など）は，個人指名せず全員に投げ

かけて，誰かが答えればそれを拾います。答えが返ってこなければ自問自答になっても構いません。生徒が日本語で答えたら，それも教師の質問の意味がわかったということで OK とします。その場合，必ず教師が英語で言い換えて，生徒にも英語で言わせるようにします。導入した新語を板書する際は，必ず音声と文字を結びつけながら書き，読ませます。

2. 指導計画

(1) 板書計画

　授業準備の際，Oral Introduction を考えるのと同時に板書計画を立てます。英語を言いながら，黒板の「どこに，いつ，何を，どのように，なぜ」書くのかを考えます。まずノートに縮小版を書いてみて，授業前に空き教室の黒板で，実際に写真を貼ったり文字を書いたりして練習し，生徒にとってわかりやすい板書になっているかをチェックしてみましょう。

　上記の三単現の Oral Introduction が終わった時点の板書は，次のようになっています。

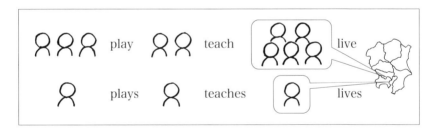

①文法事項導入時の板書

　三人称の複数と単数の対比を写真で視覚的に示し，書く文字は動詞の部分だけにして重要なポイントを際立たせています。導入が終わった後の Explanation の段階では，これに文全体を書き加えます。

②題材内容導入時の板書

　中学校の題材内容は，学年が低いほど Oral Introduction で本文をカバーする割合が高くなります。したがって，黒板に絵・写真とキーワードをうま

く配置すれば，教科書のストーリー全体が一覧できる板書が完成します。書く位置やタイミングを考えて計画を立てましょう。完成した板書は，後に教科書を閉じて本文を再生する活動の際にも活用できます（口頭では導入しなかった there は，教科書を開いた Explanation の段階で書き加えます）。

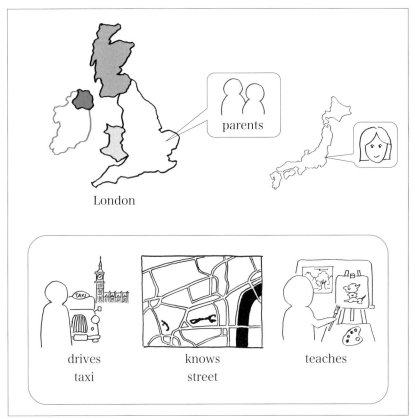

（※著作権の関係で，絵は一部略画に置き換えてあります。）

(2) 単元の指導計画

　さて，この教材 GET Part ①だけでなく，後の Part ②，Part ③も含めた Lesson 6 全体をどのように指導すればよいか，単元の指導計画を考えてみましょう。「中学校の授業では，まず文法事項の導入を行ってから教科書本文を扱うのが原則」と述べましたが，そのやり方は一通りではありません。

　最も一般的な方法は「文法事項を1つ学習したらそのつど教科書をやる」

ことです。例えばこの単元の指導は次のようになります。（　）の数字は指導順序を示しています。

　　(1) 三人称単数現在形（肯定文）
　　(2) GET Part ①（ブラウン先生の両親）
　　(3) 三単現の質問文と答え
　　(4) GET Part ②（ブラウン先生の弟）
　　(5) 三単現の否定文
　　(6) GET Part ③（ブラウン先生の妹）
　　(7) Lesson 6 のまとめ

　一方，次のような順序で指導することもできます。

　　(1) 三人称単数現在形（肯定文）
　　(2) 三単現の質問文と答え
　　(3) 三単現の否定文
　　(4) GET Part ①（ブラウン先生の両親）
　　(5) GET Part ②（ブラウン先生の弟）
　　(6) GET Part ③（ブラウン先生の妹）
　　(7) Lesson 6 のまとめ

　教科書に入る前に does の使い方（質問文や否定文）も含めて先に導入してしまうやり方です。Oral Introduction は，基本的に教師の質問・問いかけによって進められますので，先に does の使い方を指導しておけば，GET Part ①からどんどん does を使って生徒とやり取りすることができます。Does Ms Brown live in London now?　No, she doesn't.　She lives in Japan now. という具合です。

　この方法のメリットは，教科書の内容（ここではブラウン先生の家族紹介）を続けて指導できるということです。このように，レッスン全体が1つのまとまった大きな文法事項を扱っている場合には，効率のよい進め方だと言えます。

　しかし，上に示した2つの指導順序のうち，どちらのほうがよいかとい

うことは一概には言えません。単元の指導計画は，扱う文法事項の軽重（生徒にとって難しいかどうか）や，題材の内容，レッスン全体の構成などを考慮して，教師の判断で柔軟に決めるのがよいでしょう。時には，教科書の指導順序を思い切って組み替えた方がよい場合もあります。このレッスンでは，肯定文→質問文と答え→否定文という流れですが，質問文よりも先に否定文を指導する，ということがあってもよいのです。

（3）授業準備
　Lesson 6 GET Part ①を導入するにあたってどのような授業準備が必要か，「文法事項」と「題材内容」について，それぞれ順を追って留意点とともにまとめてみました。

①レッスン全体を通読し，単元の指導計画を考える
　上の（2）で述べたことです。先に does の使い方まで指導してから教科書に入るか，それとも1ページずつ順番に文法事項を指導しながら教科書を進めるかを決めます。

②1時間（または2時間）の指導の内容を決める
　ここでは Get Part ①を2時間扱いとし，1時間目に文法事項の導入，2時間目に教科書の題材内容の導入という流れを示しました。

③1時間目の文法事項の Oral Introduction を考える
　導入に何を使うか（ここではスポーツ選手と学校の先生）を決め，英語を使った生徒とのやり取りを考えます。また，導入後の Explanation で何をどのように説明するか，さらにそのあと，何か Activities をするのか，すぐに教科書に入るのかも決めておきます。

④板書計画を立てる
　Oral Introduction の英語を考えると同時に，板書計画を立てます。板書計画ができると，どんな視覚教具が必要かがわかります。板書計画が授業全体の設計図とも言えます。

⑤視覚教具を準備する

　絵や写真は黒板に貼るのか，ICT 機器を使ってスクリーンに投影するのか，などを考えて準備します。文字は板書するのか，カードにして貼るのか，提示方法によって準備のしかたも変わります。

⑥（必要であれば）ハンドアウトを作成する：文法事項

　文法事項を導入したあと，授業のまとめとして必要であればハンドアウトを作成します。例えば次のような空所補充（play か plays を入れる）などが考えられるでしょう。

　Kasumi, Mima and Miu ＿＿＿＿＿ table tennis.
Kento ＿＿＿＿＿ badminton.
I ＿＿＿＿＿ volleyball.
You ＿＿＿＿＿ basketball well.

⑦教科書の題材内容の Oral Introduction を考える

　たった 7 文 31 語とはいえ，Oral Introduction ですべてを扱うことはできません。どこまでをカバーするか，何を Explanation に回すかを決めます。今回の Oral Introduction では there という語は導入しませんでした。逆に，教科書に書いていないことを加えたいということもあります。例えば，イギリスという国について。世界一難しいと言われるロンドンのタクシードライバー試験について。調べれば調べるほど，あれもこれも盛り込みたくなりますが，授業全体の時間配分，何に重点を置くか，導入の後にどんな活動をするのかを考えて取捨選択し，Oral Introduction を作ります。

⑧板書計画を立て，視覚教具を準備する

　教科書付属のピクチャーカードがあれば便利ですが，そのままでは使えない場合もあります。カットアウトピクチャーにしたり，他の視覚教具を加えたりします。前出の例では，ブラウン先生の両親が載った絵はあるのですが，1 人ずつの顔だけが載った絵はありませんでした。2 人が描かれた絵を拡大して切り離し，father と mother を別々に提示してから parents という語を導入しました。

⑨ （必要であれば）ハンドアウトを作成する：リテリング

　授業のまとめとして何を行うのかによって，ハンドアウトが必要かどうか，必要ならどのようなものを作るかが異なります。教科書内容のリテリングを行うのであれば，板書計画と同じピクチャーシートがあると便利です。しかし授業準備で肝心なのは，導入時に使う英語と板書計画の準備です。ハンドアウトの作成には時間をかけすぎないことも大切です。

3．情報提示

　多くの学校でICT機器を活用できる環境が整いつつあり，授業準備として，プレゼンテーションソフトでスライドを作ることが増えてきています。しかし，黒板でしかできないことがあります。それは，全体像を一覧することです。黒板には情報が残り，全体を見渡すことができます。授業準備の段階では，黒板とチョークを基本にして板書計画を立てるべきです。ICT機器を使える場合は，授業のどこで使えば効果的かを考え，あくまでもスパイス的に取り入れます。ここではICT機器と黒板が併用できる環境を想定して，何をどのように提示すべきかを考えます。

(1) 絵・写真・動画

　文法事項の導入で用いたスポーツ選手と先生の写真は，一目で1人か2人以上かがわかるように黒板に並べて貼ります。ただし，teach / teaches の導入では，全員の写真を貼ると場所をとるので，体育の先生（2人）と音楽の先生（1人）だけを残し，他の先生の写真は口頭練習後にはがすか，最初からICT機器を使ってスクリーンに提示してもよいでしょう。細かいことですが，1人と2人以上の対比が重要なので，3人や4人の場合も提示し，性別も関係ないことなどを理解させるためにたくさんの例示が必要です。その点ではICT機器を使った提示は効果的と言えます。

　教科書本文の導入では，教科書会社が作成したピクチャーカードを利用しました。ピクチャーカードは便利ですが，欲しい情報が足りなかったり，逆に余計なものが入っていたりすることがあります。またデジタル教科書付属のピクチャーカードは，スライドと同じで全部を並べて提示することができません。いずれの場合も，必要に応じて使いやすいように加工します。parents の絵を father と mother に切り離したことがその例です。手間はかかりますが，ゼロから作るよりは断然楽です。ロンドンの地図は，インターネットで無料のものを入手し印刷して貼りました。スクリーンに提示すれば，部分拡大などが可能です。

　デジタル教科書には，ロンドンのタクシーに乗って市内の名所を紹介する短い動画がついています。これは ICT ならではの利点で，導入の補足として活用できます。

(2) 文字

　中学校の授業では，導入の際の文字は手書きが原則です。音と文字を結びつけながら書き，読ませます。その際，フォニックスを意識した書き足し法が効果的です。例えば，teach(es)を板書する場合，ea → each → teach のように少しずつ書き足しながら，その都度読ませていきます。live は iv → liv と書いて，最後に読まない e を加えます。このとき，すでに知っている have を思い出させ「v の音で終わる時，綴りでは v の後に読まない e がつく」ことを伝えてもいいでしょう。導入の段階で日本語の説明を入れたくないならば，後の Explanation の段階で言及してもよいでしょう。

　教科書本文の語句も，板書計画の通り，関連する絵や写真のそばに手書きします。教科書会社が提供するフラッシュカードを使う導入はおすすめできません。カードに書かれた英語は，教科書の語句の欄にあるようにparent(s)，teach(es)となっているからです。parent と parents，teach と teaches はそれぞれ別に丁寧に導入すべきです。また，カードの裏に書いてある日本語を見せて英語を言わせるのは言語道断，英語による導入を台無しにしてしまいます。デジタル教科書にもフラッシュカード機能がついていますが，絵と同じく黒板に残らないので，やはり手書きが一番です。

　そもそも「フラッシュカード」とは，「単語または句を書いたカードで，瞬間的に見せて語や句を速く読みとる練習に使う」（小川芳男ほか（1982）『英語教授法辞典　新版』三省堂）ものです。フラッシュさせないものを「フラッシュカード」と呼ぶのは用語として間違いですし，中学生には，じっくり単語を見せて綴りと発音のルールを習得させることの方が大切です。例えば，このページには these，those，there が出てきますが，この３つを瞬時に区別させるのでなく，じっくり見せて綴りに意識を向けさせるように

します。

　なお，手書きする必要がない語句もあります。例えば，この教材の導入では「イギリスの 4 つの国名を板書する」と記しましたが，全部を板書するには時間もかかりますし，Northern Ireland を書くとスペースもとります。地名などはカードにしておいて貼るか，ICT 機器を使ってスライドで投影してもよいでしょう。ピクチャーカードの地図には最初から国名が書いてあります。

4. 視覚教具

　英語を使った導入に欠かせない視覚教具のうち，教科書付属のピクチャーカード以外にどのようなものがあるか，検討してみましょう。

(1) 写真
　実在の人物を扱う時は写真が一番です。今回は有名人と学校の先生の写真を使いました。人物だけでなく，建物，風景や出来事など，多くの写真がインターネットで簡単に入手でき，授業での利用も可能です（著作権法 35 条）。ただし，写真は余計なものが写り込んでいたり，小さすぎたり，伝えたい内容をズバリ表すのが難しい場合もあります。また多く使いすぎると黒板がごちゃごちゃして見づらくなります。

(2) イラスト・絵
　写真のような細密さがないぶん，絵は伝えたいポイントに焦点を当てることができます。インターネットからもフリーのイラストがたくさん入手できますが，簡単なものなら自分で描けます。
　人物の顔も，写真だとリアルすぎるという場合に似顔絵を使うとよいでしょう。パソコンを使えば，写真を絵画風に加工することもできますし，それを参考に自分で描くこともできます。絵の得意な生徒がいれば，頼んで描いてもらうのもおすすめです。

(3) 地図
　細密な地図が必要な場合と，シンプルな略地図でよい場合とがあります。

今回の教材はイギリスが舞台なので，イギリスの地図は詳細なものをあらかじめ用意しました。ブラウン先生が今住んでいるのが日本であることを示すのに日本地図も貼りましたが，日本地図は左のような略地図をその場で描いて簡単に済ませてもよいでしょう。

　　地図は普通，四角い紙に印刷しますが，イギリスの4つの国を導入した時のように Scotland, Northern Ireland などの語句を地図の周りに書き加えたい場合，紙の余白が邪魔になります。そういう時は，ひと手間かかってしまいますが，カットアウトにしておくとよいでしょう。英国が4つの国から成ることを示すために4つの国を切り離しておいて1つずつ提示することも可能です。

(4)　線画のすすめ

　予算がなくてピクチャーカードが買えない，使いたい場面を表す絵がない，という時は，自分で簡単に描いて見ましょう。○や棒だけを組み合わせた，いわゆる Stick figures と呼ばれる線画で十分です。線画の利点は，その場で英語を言いながら描けることです。もちろんあらかじめ描いて準備しておいてもいいのですが，その場で描くことにより，生徒の注目度がよりアップしますし，何より準備の手間が省けます。ブラウン先生の両親をこんな形で描いてみてはどうでしょうか。

Ⅲ -（2）　Oral Introduction（高校編）

1．Oral Introduction の実際

(1) Oral Introduction（題材内容）
① Oral Introduction の 3 つの注意事項

　Oral Introduction を実施する際の重要な留意点を 3 つ取り上げます。

　まずは，Oral Introduction を行う適切な環境を整えることです。教師の話に集中させるために必ず教科書を閉じたまま行います。閉本の指示とともに，指示に従い生徒が教科書を閉じているかを確認して下さい。教師の発話は，自然のリアルタイムのインプットであり，生徒とのやり取りは，現実のコミュニケーションを教室に導入するものです。是非，face to face の態勢を整えた上で行いましょう。

　次に，この導入活動では，あえて本文すべての情報を網羅せず，後続する黙読活動で読み取らせる情報を残すことです。というのも，生徒が自力で読み取る達成感や，新情報を発見するワクワク感を味わってもらうためです。導入活動と後続する黙読及び Explanation の 3 つの活動を統合的，段階的に展開することで，本文内容をより適切（暗示から明示）に，より深く（概要から詳細へ）理解させていくことを目指します。

　最後に，Oral Introduction とまとめ活動の 1 つであるリテリング活動は，表裏一体の関係にあることに留意します。Oral Introduction は，生徒の発表活動の成否に大きな影響を与えます。なぜなら，生徒が発表するときに見習うモデルは，教師が行う Oral Introduction しかないからです。是非，生徒の発表の模範を示すという気持で Oral Introduction を行いましょう。

②題材内容を扱う場合

　英語の教科書は，科学的なものから文化的なものまで，幅広い題材を扱っています。使用できる総語数，語句や表現，文法事項の関係で，本文に書かれている情報だけではよく分からないことがあります。また，生徒たちが住む世界とはかけ離れている話題もあります。そこで，関連情報を補足したり，生徒たちの生活と関連づけたりすることで，本文の理解を深め，生徒に実感

を持たせることができます。取り上げた本文での具体例を挙げると，「なぜ水は私たちの生活の中で最も重要な資源の一つなのか」，「飲むのに適さない水を使わざる得ない国々が抱える多くの問題とはどんなことなのか」，「どうして若者たちにきれいな水の必要性を説く教育が必要なのか」がそれに該当します。不足していると思われる情報を，Oral Introduction や Explanation の中で補い，生徒が内容をより適切に，より深く理解できるように支援します。

(2) 教科書本文

　ここでは，高校 1 年生向けの検定教科書から，次の部分を取り上げて説明します。

Perspective English Communication Ⅰ NEW EDITION（第一学習社，平成 28 年文部科学省検定済）

Lesson 2　We Can All Make a Difference（下線部は著者：新出語）

Part 1

　　Water is one of the most important resources in our lives.　In some countries, however, people can only use dirty water every day.　These countries also have many other problems and the governments can't improve the water system by themselves.　What can we do to help them?

　　We can get a good idea from the Ryan's Well Foundation.　The foundation is an NPO, or nonprofit organization.　Its goals are to bring clean water to developing countries and to educate young people about the need for clean water.　The foundation now has several projects in African countries.　Who started such an active organization?　It was Ryan Hreljac, an ordinary primary school boy in Canada.

　　It all began in 1998.　Ryan was six years old then and a student in Nancy Prest's first-grade class.　One day, Ms. Prest said that in Africa, people were dying because they didn't have clean water to drink.　She also explained, "In Africa, a single penny will buy a pencil and 70 dollars will pay for an entire well."

Perspective English Communication Ⅰ

Lesson 2

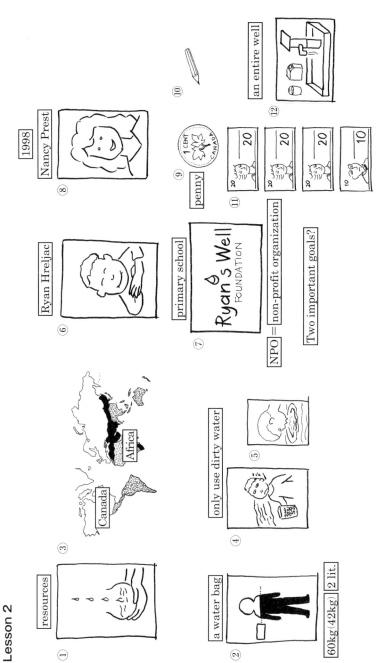

　前ページ（p.69）の図は，この教材の Oral Introduction を行う際の板書計画です。

（※著作権の関係で，写真や図は略画に置き換えてあります。実際はカラーです）

（3）Oral Introduction の具体例

凡例

1．T は教師，S は生徒を表します。S 後の数字は，指名順です。

2．S1：Water は，S1 answers,"Water." を表わします。

3．［　］は，教師の行動を表します。

4．（○○の発音練習）は，教師が新出語や表現を発音した後，生徒が復唱する一連の動作が，2 度繰り返されることを表わします。

5．丸囲みの数字は，黒板に視覚資料を提示する順序を表わすもので，実際の黒板には記しません。（板書計画参照）

6．四角囲みは，黒板に提示する単語カードを表します。

　T：［黒板左端上部に，①の水の写真を貼り，写真を指して］Everyone, look at this picture.　There are several topics in Lesson Two.　This shows one of the important topics for this lesson.［球体の水の部分を指して］What is this blue thing, S1?

　S1：Water.

　T：Good!　Water is one of the most important resources in our lives.［①の上に，resources を貼る］What are 'resources'?　Forests, oil, natural gas are other examples of the most important resources in our lives.　A resource is a thing that a country has.　And the country can use it to increase wealth.　What is the Japanese for 'resource,' S2?

　S2：資源です。

　T：That's right!（resource の発音練習）Why is water one of the most important resources in our lives?　Do you have any ideas, S3?

　S3：We can't live without water.

　T：Great!［①の下に，②のイラストを貼る。ただし，胸の部分に記された 70％の数字部分が後続する質問の答えとなるため，あらかじめ白い用紙で隠して提示する。板書計画では，イラストの左にある長方形

の白紙がそれにあたる。②を指しながら］Look at the human body in this picture.［②の青い部分を指して］The blue part shows water we have in our body.　As you can see, we have a lot of water in it.　Now, I have a question.　What percentage of our body is water?　I give you three choices.　If I say your choice, raise your hand.［5 本の指を示して］If you think 50 percent of our body is water, raise your hand.［挙手を数える］I see, nobody.［7 本の指を示して］How about 70 percent?［挙手を数える］OK, 33 students.［9 本の指を示して］How about 90 percent?［挙手を数える］Well, 7 students.［②の数字の部分を隠している白紙を外して］The correct answer is 70 percent!　Many students got the right answer.　Good job!　Some people say the human body is like a water bag.　It is an interesting expression for our body.［②の上に、 a water bag を貼る］I have another question about the water.　If you weigh 60 kilograms, how much water do you have in the body, S4?

S4：42 kilograms.

T：Exactly!　60 kilograms X (multiplied) by 0.7 makes 42.［②の下に、 60kg（42kg） を貼る］We have lots of water in our body, don't we?　Actually, we are like a water bag.　Also, you need to drink at least two liters of water every day for good health.［ 60kg（42kg） の右に、 2 lit. を貼る］I think you understand how important water is for us.

T：In Japan, we can get water very easily, right?　Let me prove it.　In this school, how can you get water, S5?

S5：水道からです。

T：Right!［蛇口をひねるジェスチャーをしながら］You drink water from the taps at any time.　When you are walking on a street, how can you get water, S6?

S6：From a vending machine.

T：Terrific!　We can buy a bottle of water from a vending machine.　And we can easily find vending machines on a street.　In this way, we can get water almost everywhere at any time.

T：However, some countries don't have enough water and the people there can't get water as easily.［①の右に, ③の世界地図を貼る］Look at this world map.　It shows countries without enough water.［赤く塗られた国々を指して］Countries in red have the biggest water problem.［オレンジ色に塗られた国々を指して］Countries in orange have the second biggest water problem.［赤とオレンジに塗られた国々を指して］In these countries, people have a very hard time getting water to drink.［③の左下に, ④の濁った水が入ったコップを持つ少年の写真を貼り, それを指して］For example, look at this picture.　The child is holding a glass with water in it.　Where has he got the water, S7?

S7：From the river.

T：Exactly!［少年の後ろの川を指して］He has got the water from the river behind him.　Do you think it is clean water, S8?

S8：No, I don't think so.

T：I agree.　It's not clean.　It's ... what kind of water, S9?

S9：Dirty, dirty water.

T：You're right!　It's dirty water, but he is going to drink it.［④の右側に, ⑤の川の水を飲んでいる少年の写真を貼る］Next, look at another picture.［⑤を指して］What is this child doing, S10?

S10：He is drinking water.

T：Good!　He is drinking water from where, S11?

S11：He is drinking water from the river.

T：Right!　He is drinking water directly from the river.　Do you think the water is clean, S12?

S12：No, it's dirty.

T：Right!　It is dirty, but he has no choice.　He has to drink the dirty water.　This is the only way he gets water.　There is no other way.［④と⑤を指して］These children can only use dirty water every day. ［④と⑤の上に，| only use dirty water |を貼る］

T：［④と⑤を指して］There was a boy who wanted to help these children. ［③の右側に，⑥のRyanの写真を貼る］Look at this picture. ［⑥を指して］This is the boy.　His name is Ryan Hreljac. ［⑥の上に| Ryan Hreljac |を貼る］（Ryan Hreljacの発音練習）He lives in Canada. ［③の地図のカナダの位置に，| Canada |を貼る］（Canadaの発音練習）Ryan was shocked at the fact and really wanted to help those children.　But how?　How did he help those children, S13?

S13：Give money.

T：OK, giving money is one way.　Any other idea?　How about S14?

S14：寄付を募る。

T：Good!　Collecting money is another way.　Both students are right.　In fact, he helped the children by creating the Ryan's Well Foundation. ［⑥の下に，⑦のライアンの井戸財団のロゴマークを貼る。Ryanの部分を指しながら］'Ryan' comes from his first name.　'Well' means a deep hole in the ground and people get water from it.　What is the Japanese for it, S15?

S15：井戸。

T：Well-done!　How about 'foundation'?　'Foundation' means a group or organization that is formed for a particular aim, or '財団' in Japanese.　Altogether, it's called 'ライアンの井戸財団.'（the Ryan's Well Foundationの発音練習）The foundation is an NPO, a non-profit organization. ［⑦の下に，| NPO |と| a non-profit organization |を並べて貼り，間に＝を板書して結ぶ］An NPO makes money but uses it to help people, instead of making a profit or '利益.' It is '非営利団体' in Japanese.（NPO, or a nonprofit organizationの発音練習。ここでは，言い換えの関係を暗示させるように，2つの表現を連続して発音練習を行う。その際，NPOのイントネーションは上昇口調で）This time, let's practice saying these in a sentence.

(The Ryan's Well Foundation is an NPO, or nonprofit organization. の発音練習) I have a reading question about the NPO. This NPO has two important goals. What are they? What are its two important goals? [NPO = a non-profit organization の下に, Two important goals? を貼る]

T : When did Ryan get interested in helping those children? What happened to him? Well, his story began in 1998. [Ryan Hreljac の右上に, 1998 を貼る] Ryan was six years old then.［指を1本立てて] He was a first-grade primary or elementary school student.［⑥と⑦の間に, primary school を貼る](primary school の発音練習)［⑥の右側に, ⑧のプレスト先生の写真を貼る。写真を指して] Look at this picture. This is Ryan's teacher, Nancy Prest.（⑧の上に, Nancy Prest を貼る）(Nancy Prest の発音練習) One day, Ms. Prest said, "In Africa, people are dying because they don't have clean water to drink."［③の地図上のアフリカ大陸の部分に, Africa を貼る] She also said, "In Africa, a single penny will buy a pencil."［ Nancy Prest の下に, ⑨の1ペニーの写真を貼り, その左側に penny を, 右側に⑩の鉛筆の写真を貼る] A single penny means one penny. And one penny is about 0.8 yen, so if you pay 0.8 yen, you can get a pencil. (penny の発音練習). This time, let's practice saying it in a sentence. (A single penny will buy a pencil. の発音練習) Ms. Prest also said, "70 dollars will pay for an entire well."［⑨の下に, ⑪の20ドル紙幣3枚と10ドル紙幣1枚の写真を貼る。また, その右側に, ⑫の井戸の写真を貼り, その上に, an entire well を貼る] How much yen is 70 dollars? One dollar is 100 pennies. And one penny is about 0.8 yen. So, about how much yen, S16?

S16 : About 5,600 yen.

T : That's right! If you pay about 5,600 yen, you can buy an entire well.［⑫の井戸を構成する全ての部分をさして] "An entire well" means "a whole well" or "all parts of a well." (an entire well の発音練

習）．　This time, we will practice saying it in a sentence. （70 dol-
lars will pay for an entire well. の発音練習）．　Then, we will say
two sentences together. （A single penny will buy a pencil.　70
dollars will pay for an entire well.の発音練習）Ryan learned
about these things and really wanted to support people who
needed clean water.

T：Now, we are going to learn more about Ryan and how he has
been helping people in need of clean water.

2.　指導計画

(1)　授業準備
　授業準備は，教科書本文の読み込みから始まります。本文を繰り返し黙読
したり音読したりして，レッスン全体のイメージを作り上げます。このイ
メージが板書計画作成の礎となります。
　次に，書き手の主張や要点を掴みます。書き手はテーマについて肯定的な
のか否定的なのか，それとも中立的なのか。また，話の要点となる重要事項
を押さえます。
　次に，話の展開や各パートの構成に目を向けます。話はどのように進めら
れているのか。具体的には，時系列，空間配列，因果関係，列挙，対比・対
照，上位・下位範疇等のどの展開方法が採られているのかをチェックします。
この確認が，板書計画における視覚資料間の関連を示す配置に反映されます。
　パラグラフの構成では，まず主題文の有無を確認します。ある場合には，
冒頭にあるのか最後にあるのか，それとも導入文の次に However があり，
その後に置かれているかを見定めます。このチェックも，板書計画の中の視
覚情報の配置に関わります。主題となるものは黒板上部や中央に置き，重要
度の軽重が分かるように提示します。
　最後に，言語情報である構文や文法事項や新出語に注意を向けます。どの
言語項目を取り上げ，また，単語カードにするのか取捨選択します。このよ
うに，全体から詳細項目・構成要素へと目を移して，授業を段階的に組み立
てます。

(2) 板書計画とその役割

　板書計画は，Oral Introduction で使用する視覚資料（実物・絵・写真・地図・表等）や単語カードを，大きさや色や配置に注意して，黒板に見立てた横長の B5 か A4 サイズ用紙に添付して，授業終了時に黒板に残る板書をイメージ化したものです。板書計画は，単色で平板な教科書の文字情報を，教師の読解力やイメージ力により，色彩豊かで立体的なものへ変換したものと言えます。

　では，板書計画はどのように教師や生徒に役立つのでしょうか？　その働きや効果について説明します。

　まずは，教師に役立つ２つの働きを紹介します。１つ目は，Oral Introduction で提示する視覚資料のチェック表となることです。授業前には，たくさんの資料や教具を揃えなければなりません。その際，使用する視覚資料がすべて揃っているのか，また，提示順になっているかを確認するチェックリストとして使えます。

　２つ目は，Oral Introduction のプロンプターとなります。事前に Oral Introduction の練習を十分行いますが，活動の途中で話しの流れを失念したり，セリフが口をついて出てこないことがあります。そんな非常時，板書計画はいつどのような視覚資料を提示し，どんなことを言うのかを思い出す誘い水となります。

　次に，生徒に役立つ働きと効果に触れます。板書計画は，題材内容をイメージ化することで，生徒の興味や関心を引きつけます。一般に，文字よりも画像の方が，具体的な形やイメージが描かれるので，理解しやすく，直接心に訴えかけます。同時に，題材内容に関係する背景知識を呼び起こしたり，視覚資料の配置から話の展開や段落の構成を推測させたりすることができます。その結果として，生徒が本文内容を理解する際の足がかりを提供することになります。

　板書計画を印刷して生徒に配布したもの（以降，ピクチャーワークシート）は，学習内容のまとめとなります。というのも，授業終了時に残る黒板のイメージが描かれているので，ピクチャーワークシートを見直すことで，学習内容を再確認できます。また，リテリング活動の練習を宿題として課す際には，ピクチャーワークシートを利用して練習することになるので，家庭学習との橋渡しになります。さらに，授業中に行う個人やペアでのリテリン

グ活動の練習にもピクチャーワークシートを活用します。

(3) 板書計画と視覚資料の作成過程

　ここでは，板書計画の作成と，視覚資料の作成について手順を追って紹介します。

　①レッスン全体を読み込んで，話全体のイメージを頭の中に描き出します。その後，パートごとのイメージを作り上げます。

　②パートごとの板書計画を立案します。

　　a.　展開方法（時系列，空間配列，列挙，分類，対比・比較，因果関係，上位・下位範疇等）を分析します。

　　b.　手書きで下絵を描いて，イメージを具体化します。

　　c.　具体化したイメージに近いものを，教科書，指導書付属の CD（教科書にある写真やイラスト等が収められています）やインターネットを利用して収集します。その後，黒板に見立てた B5 か A4 サイズの用紙に合うサイズに調整し，配置する位置を検討します。

　③取り上げる言語項目を決定し，単語カードの形に加工して，配置する場所を検討します。この段階で，板書計画のたたき台（原案）が完成します。

　④板書計画と同時に，Oral Introduction の原稿を作ります。この時，導入する部分と後続する黙読で読み取らせる部分の調整を行います。この過程で，原案板書計画を修正します。

　⑤使用する視覚資料を，実際の黒板に提示するのに適したサイズに拡大し，プリントアウトします。

　⑥プリントアウトした視覚資料を，ケント紙にのりづけして補強します。次に，ケント紙裏側の四隅に，両面テープでマグネットを貼り付けます。最後に，実際に教室の黒板に貼って，サイズや位置の最終確認を行います。

(4) Reading Questions の設定と留意点

　Oral Introduction 後には，導入しなかった新出単語の意味の確認と発音練習を行い，Model Reading の後，黙読に進みます。黙読の道標となるものが Reading Questions です。質問は，Oral Introduction 中で示したり，

ワークシートで提示したりします。生徒は，Oral Introduction の補助輪を得て，自力で本文に向かい，質問の答えを探しながら本文を読み解く作業を行います。取り上げた教材では，以下の３つの質問を設定することが可能です。

① What are many other problems these countries have on page 28, lines 3 to 4?

② What are the two important goals of the Ryan's Well Foundation?

③ What does 'it' on page 29, line 5 refer to? (It all began in 1998.)

　これらの設問形式は，すべて what で始まるものですが，要求する思考レベルが異なります。質問①の答えは本文にありません。ですので，生徒は，Oral Introduction で得た情報と，内容に関する自らの背景知識を基に答えることが要求されます。

　質問②は，答えが本文にあるので，内容が理解できれば答えられます。たとえ十分な理解がなくても，本文の 'its goals' に気づけば，答えを得ることができます。

　質問③は，代名詞の問題です。通常は，先行する単数形の名詞を探していけば，答えに至ります。しかし，ここでは，'it' が指すものが明示されていません。ですので，本文の流れや文脈から判断することになります。十分で適切な内容理解がなければ，答を導き出せません。ただし，Oral Introduction の中で，答えのヒントが伝えられています。具体的には，His story began in 1998. と表現しています。

　以上の３つの質問は，生徒の背景知識に基づく推測力，字義通りを読み解く力，文法力と文脈を把握する力，それぞれ異なる能力を要求しています。このように，生徒の英語力を踏まえて，答える際に必要とされるさまざまな能力，質問形式，答えのある場所を組み合わせて質問を設定すると良いでしょう。

　Reading questions を提示すると同時に，教師が注意することがあります。それは，質問とその内容を確認することです。何を問われているのかが分からなければ，答えようがありません。教師は，質問を読み上げ，必要がある場合は，その内容を日本語で確認したり，補足説明を加えたりしてもよいでしょう。ただし，生徒が形式に慣れ，補足説明が必要としない場合には，省いてもかまいません。少しずつ支援を減らし，最終的には自力で活動に取り

組めるように導くことが望まれます。必要があれば，以下のような質問内容
の確認と補足説明を加えることができます。

①答えは本文に書かれていません。Oral Introduction で得た情報と，皆
　さんの背景知識を使って推測してみましょう？

②この質問の答えは，本文にあります。

③代名詞 'it' は何を指していますか？　答えは，本文にはっきりと書かれ
　ていませんが，Oral Introduction ではその部分を補いました。前後の
　文脈から推測してみましょう。

IV -（1）　Model Reading（中学校編）

1.　教科書を開く前に

　教科書内容の Oral Introduction が終わると，通常はここで教科書を開き，教師が教材を読んで聞かせる Model Reading を行います。時間的には短い指導段階ですが，教材の全体像を示し，次の Explanation への橋渡しとなります。

　中学校の授業では，この Model Reading の前に，時として教科書を閉じたまま教材の音声を聞かせることがあります。あくまでも Oral Introduction で教科書本文をほぼ全部カバーできていることが前提です。III -（1）1.（p.50 参照）で挙げた Brown 先生が両親を紹介する教材では，教師が Brown 先生になりきって，黒板に貼った絵や地図を指しながら演示します。ねらいは次のようなことです。

(1)　生徒とのやり取りで導入した内容を，再度，Brown 先生の立場から monologue でまとめる。
(2)　these や those は適切な動作と共に使う必要があり，それを生徒に演示して見せる。
(3)　これから読む本文の全体像を，板書を使って視覚的にイメージさせる。

　教師は教科書をすべて覚えて話し，生徒も文字を見ないので，厳密に言えば Model Reading というよりもその前段階，あるいは Oral Introduction のサマリーとも言えますが，教材の内容によっては有効な活動です。

2.　教科書を開いて読むとき

(1)　教師の肉声を聞かせる

　教師が読んで聞かせるのが原則です。読む速度，ポーズを入れる場所，強調したい語句など，既製の音源では調節できないことを自由自在に変えられるのが教師の肉声の強みです。そのために，日々発声や発音の訓練を怠らな

いことが大切です。

　生徒の音読のモデルは絶対に教師が示すべきですが，内容理解のために聞かせる音声として，ネイティブスピーカーが吹き込んだ教科書付属の音源の利用が有効なこともあります。

①対話文などで複数の話者が登場するとき

　教師 1 人で声色を使い分けることもできますが，違う人が読むほうが，だれが話しているのかがわかりやすいでしょう。

②教師とは違う発音を聞かせたいとき

　Brown 先生はイギリス出身なので，できればイギリス英語を聞かせたいところです。（残念ながら，この教科書の音源はアメリカ発音のようです。）ネイティブスピーカーの演技力が優れていて，ぜひ生徒にも聞かせたい，という場合もあります。

③授業の流れに区切りをつけたいとき

　Oral Introduction からずっと教師 1 人がしゃべっているところに，別の人の音声を入れることで場面転換ができます。生徒にとっても，教師が自分の立場で話しているのか，それとも Brown 先生のせりふを言っているのかがわかりやすくなります。

④適切な効果音が入っているとき

　教材によっては，内容理解を促すための効果音が入っています。音読練習の時には不要ですが，内容をイメージするのに役立つことがあります。

(2)　生徒をよく観察する

　Model Reading の際，生徒は音声に合わせて文字を目で追います。このとき，教師は生徒が本当に文字を見ているかどうか，注意深く観察する必要があります。ボーッとしていたり，他のところを見ていたりするかもしれません。放っておくと音と文字を一致させることができなくなってしまいます。それを防ぐためには，次のような方法があります。

①読んでいるところを指でなぞらせる

指が正しく動いているかどうかが一目で判断できます。

② ICT 機器を利用して読む文をスクリーンに映す

少なくとも全員の顔が上がります。映し出す分量を調節して，読ませたい部分をコントロールすることも可能です。

いずれの場合も，教師は教科書を覚えておいて，生徒の顔を見ながら読みます。

Ⅳ - （2）　Model Reading（高校編）

1. 段落の構成を踏まえた音読を心がける

　例えば，本文（p.68 参照）第 1 段落の 1 文目は，直後の主題文を導く働きをしていますので，聞き手である生徒に何かが起こる「前触れ」を感じさせるような読みを意識します。同時に，文頭の Water は，Part 1 全体に関わるトピックなので，ややスピードを落としてためを置き，少し強調して読むことになります。2 文目の主題文では，however が，逆接的な話の展開を示す語ですので，話の転換が暗示されるように，however の後に少し間を取ると良いでしょう。

　第 2 段落では，1 文目が主題文で，その中の the Ryan's Well Foundation が主題となっています。ですので，この部分を強調するように読みます。

　第 3 段落では，第一段落と同じように，1 文目が導入文で，2 文目が主題文になっています。ここでも，1 文目はプロローグの働き，つまり，物事のはじまりを意識して読むことになります。

2. 連続する 2 文の関連性を意図した音読をする

　例えば，第 2 段落の Who started such an active organization? の文と後続する It で始まる文は，「質問」と「答え」の呼応関係となっています。ですので，人名の「Ryan Hreljac」に強勢を置いて音読します。また，第 3 段落の "In Africa, a single penny will buy a pencil and 70 dollars will pay for an entire well." では，"a single penny" と "70 dollars" が対比されていますので，"70 dollars" を強めて読むことになります。

3. 本文中のコンマ（, ）は，意味のまとまりを示す

　コンマの後にポーズを置きますが，そこで文が終わる訳ではないので，文末のようにイントネーションを下げないように注意しましょう。特に，第 2 段落の 2 つの文，The foundation is an NPO, or non-profit organization.

と It was Ryan Hreljac, an ordinary primary school boy in Canada. では，コンマが an NPO と Ryan Hreljac の言いかえ表現や補足情報を導く働きをしていますので，この働きにも注意しつつ音読しましょう。

4．登場人物になったつもりで音読する

　登場人物による発話がそのまま記述されている場合には，その人物の年齢，職業，人柄を想像して，その人になりきって音読してみましょう。例えば，第3段落の Prest 先生の発話は，Prest 先生になったつもりで，声色を変えて，小学校の先生が，1年生の児童たちに語り掛けるように音読してみましょう。そうすることで場面を浮き上がらせ，臨場感を醸しだすことができます。

　教師は，聞き手を意識して，メッセージを伝える読み方をすることが大切です。その中で，プロソディ（発音，リズム，抑揚，ポーズ，ストレス等）に注意するのはもちろんのこと，段落内の構成や文のつながりに気づかせるように音読します。また，スピードや声色を変えて，本文で描かれている場面や込められたメッセージを浮かび上がらせて，生徒が本文内容を理解する際の音声的支援を与えます。

V -（1）　Explanation（中学校編）

　Oral Introduction で扱いきれなかったことを補足し，教材を正確に完全に理解にさせるために行うのが Explanation です。両者は補完関係にあり，Oral Introduction ＋ Explanation ＝ 1（100％）と考えるとわかりやすいでしょう。

　導入を文法事項と教科書本文の 2 段階に分けて行った場合，それぞれに Explanation が必要です。導入のあと，どのような Explanation を行うかを考えましょう。

1．文法事項の Explanation

(1) どのように行うか

　文法事項のあとの Explanation では，まだ教科書は使用しないので，生徒とやり取りしながら完成した板書（p.58）を利用します。説明は日本語で行います。高校レベルでは英語による Explanation も可能な場合がありますが，中学校では日本語を使って簡潔に行うのがよいでしょう。教師が一方的に説明するのではなく，生徒に考えさせ問いかけながら行います。たとえば，次のように生徒とやり取りします。

　T：play だけでなく plays という形があることに気づきましたか？　どういう時に plays になる？
　S：1 人のとき？
　T：そうですね。では自分のことを言うときはどうだった？
　S：I play .... あれ？　plays かな？
　T：自分のことを言うときは I play baseball. でしたね。

　　今日は自分（I）と相手（you）以外の人を話題にしました。そのとき，話題になっている人が 2 人以上だと play のままでいいのですが，1 人のときだけ plays という形を使います。また，teach, live も同じように，I と you 以外で 1 人のときは，teaches, lives のように動詞の形が変わり

ます。

(2) 留意点
①時間をかけすぎない

　文法事項の Explanation は Oral Introduction でやったことの確認程度ですむ場合がほとんどです。英語ですすめてきた流れを壊さないよう短時間ですませます。

②生徒に問いかけながら行う

　Oral Introduction は「既習事項に新しいことを 1 つ加える」ことを心がけて行いました。Explanation は，その導入が生徒に伝わったかどうか「さっきやったのはこういうことでしたよね」と確認する感じで十分です。上の例のように「1 人のとき？」と生徒が答えてくれればいいのですが，この時の生徒の反応が思い通りでない場合は，Oral Introduction が不十分だったことになります。例えば，三人称単数の例が男性ばかりだと，生徒は「男の人のとき」に動詞の形が変わると思うかもしれません。中にはチームスポーツと個人スポーツの違いで動詞を使い分けると思う生徒もいたりして，時にこちらが思いもしない反応をします。そのことで気づかされることも多いものです。そのような誤解を生まない配慮をして導入する必要があるということです。

③文法用語の使用は慎重にする

　文法を明示的に説明する際，教師が使う日本語は，正確かつ簡潔でわかりやすいものにするべきです。ここでは「三人称単数」という用語は使用せず，「I と you 以外でひとりのとき」と言っています。「三人」ということばが複数を連想させるため，「I と you 以外」のほうが分かりやすいはずです。人間以外の「もの」も三人称ですが，今回は「ひと」に限定しました。人以外の例は別の機会に加えればよいでしょう。「現在形」という用語もここでは使うべきではありません。生徒はまだ「現在形」しか学習していません。「現在形」の意味は「過去形」と対比して初めて理解できるのです。

　このように，文法用語の中には，生徒には分かりにくく誤解を与えかねないものが多くあります。使わなくてすむものはなるべく分かりやすく言い換

えます。どうしても使わざるを得ない場合は，きちんと正しい説明をした上で使います。決して「サンタンゲンの s」という用語を教えて（覚えさせて），文法を教えた気に（学習した気に）なっては（させては）いけません。

④生徒が覚えやすい説明を工夫する

　歴史の年号を語呂合わせで覚えるように，時には大切なポイントを生徒に印象づける説明方法を考えてもよいでしょう。実際，名詞の複数形を学んで間もない時期なので，likes が like の複数形で「大好き」の意味だと思う生徒もいるのです。そこで，次のような説明をしてみてはどうでしょうか。

　My cats like fish.（猫数匹が魚を食べている絵）
　My cat likes fish.（猫 1 匹が魚を食べている絵）

　「cats のほうに s があると，like のほうにはない。逆に cat のほうに s がないと likes のほうにある。」これを見たある生徒が言いました。「1 匹だとさみしいから like の方を複数にするのかな？」この説明はウソですが，三単現などという用語を使うより，ずっと分かりやすく覚えやすい説明だと思います。My cats likes fish. のような間違いも減るはずです。生徒の言語学習に役立つ「こじつけ」は，大いに取り入れたいものです。

⑤板書を利用し，必要に応じて書き足す

　Oral Introduction の時は，動詞の部分しか板書していないので，Explanation の段階では次のように文全体を完成させます。既習事項と対比するために I と you の例を加えてもよいでしょう。

```
Kasumi, Mima and Miu play table tennis.
Kento                   plays badminton.
I                       play soccer.
You                     play volleyball.
```

　重要なポイントが際立つように，動詞の部分を揃えて書きます。plays の s の部分だけ色を変えたり，下線を引いてもよいでしょう。また，日本人の

名前はローマ字にして書くと長くて時間がかかりますので，カードに書いておくか，写真のまま名前を言うことで済ませてもよいでしょう。

　基本は板書ですが，黒板のスペースには限りがあり，文をたくさん書くことはできないので，見やすく提示できるのであれば他の文（先生の教科や住んでいる場所についての文）は，ICT 機器を使ってスクリーンに提示してもよいでしょう。

2. 題材内容の Explanation

　題材内容の Explanation は，教科書を開いて行います。前述のとおり Oral Introduction ＋ Explanation ＝ 1（100%）になることから，どのような Oral Introduction を行なったかによって，Explanation の内容も変わってきます。GET Part ①（p.50 参照）の 7 文 31 語でも，説明すべきことは少なくありません。

(1) 語句の説明

　先の導入例に基づき，1 文ずつ説明する箇所とポイントを掲げます。実際には生徒とやり取りしながらすすめます。

① These are my parents.
・Brown 先生が指しているのはどの絵（写真）か。
・写真との距離は近いか，離れているか。
② They are from Scotland.
③ They live in London now.
・They はだれか。
・Scotland と London の位置を地図で再確認。
④ My father drives a taxi.（説明の必要なし。）
⑤ He knows every street there.
・He はだれか。（当たり前のように思えるが，文字で見てきちんと確認することは必要。）
・every street の every は「あらゆる，どれをとってもみな」という意味であること。生徒は every day しか知らない。

一つ一つを念頭に置いているため，単数名詞を伴うこと。
- there はここで初めて提示するので，板書して発音を聞かせる。離れた場所を指し「そこに，そこで，そこへ」という意味である。ここでは in London ということ。Brown 先生は今日本にいて，London から離れていること。

⑥ My mother teaches art.
- 学校の教師かどうかはわからないが，挿絵からお母さんは美術（絵）を教えていること。

⑦ Those are her pictures.
- Brown 先生が指しているのは，お母さんの背後に見えている絵であること。
- Brown 先生はそれを離れたところから指していること。

(2) 題材内容に関する補足説明

　教材研究の段階で，題材に関する調査は欠かすことはできません。教師自身が知らなかったことを発見することも多いものです。しかし，調べたことをすべて伝えようとすると，時間がかかり，授業の目標からも離れてしまいます。この教材の場合は，イギリスがテーマです。次のうちのいくつかを取捨選択して取り上げることになるでしょう。

- イギリスは４つの王国からなる連合王国で，正式名称は the United Kingdom of Great Britain and Northern Ireland である。
- それぞれの国に国旗があり，それが合わさって英国旗 Union Jack が作られている。Wales 国旗は Wales が England の一部とみなされていたため入っていない。
- ロンドンのタクシーは通称 Black Cab（黒が伝統だったため）。
- ロンドンのタクシー運転手の試験（Knowledge of London）は世界一難しいと言われる。25,000 以上ある通りと，すべての施設やそこへの行き方に精通していなくてはならない。

(3) 留意点

①時間をかけすぎない，②生徒に問いかけながら行う，という点は，文法

事項の Explanation と同じです。特にイギリスのことについては，教科書のこのあとのページに「クリケット」や「バグパイプ」の話が出てきますので，少しずつ伝えていくことで十分でしょう。

　題材内容の Explanation でも，Oral Introduction で完成した板書を利用し，足りないことを書き加えます。ここでは，イギリスの地図のところに書いた London という語の下に there を書き加えます。Oral Introduction の時には，He knows every street in London. と言ったので，there が in London の言い換えであることを分からせるためです。

　there は，初めて見る生徒にとって綴りと発音を一致させるのが難しい単語です。同じページに出てくる these とも似ています。ゆっくり書いて，教師が丁寧に発音します。よく，ここで生徒に発音練習をさせてしまうことがありますが，まだ内容理解の途中です。生徒には教師の発音を聞かせるだけにとどめ，発音練習は次の音読の段階で行います。One thing at a time. の原則です。

　教科書を開いての Explanation になると，どうしても生徒は下を向いてしまい，教師から見ると，ちゃんと該当箇所を見ているのかどうかがわかりづらくなります。ICT 機器を使ってスクリーンに本文を提示すれば，生徒の顔は上がります。英文の量が多いときは，あらかじめ説明を加えたい箇所に下線を引き番号をつけたハンドアウトを用意する，などの方法も有効です。

V‐（2）　Explanation（高校編）

1．本文理解のための指導

　この活動では，生徒が本文内容を「十分に確実に理解した」という状態を目指します。具体的には，生徒が書き手の意向や，書かれた内容について正確に理解するレベルに達することです。この状態に導く過程で，生徒は文章を読む際，どんな点に着目すべきなのか，そのツボを徐々に理解して行きます。別の言い方をすれば，「読み方」を学びます。読み方を学ぶことで，最終的に，生徒が自立した読み手に成長することを狙っています。

　この学習活動でも，教師が一方的に説明するのではなく，できるだけたくさんの問いかけをして，生徒に発言させる機会を与えます。Oral Introduction で触れた事柄は，軽く確認する程度にします。十分で確実な理解を求めるので，使用言語は日本語が中心となります。具体的には，教科書を開いて，本文を 1 文ずつ読み上げ，内容を確認して行きます。取り上げた教材の Explanation で扱う項目は，以下のようになります。

・言語的事項：指示語，代名詞，語句・表現，構文，文法，語法等
・発音に関する事項
・句読点に関する事項
・段落の主題や構成に関する事項
・文の内容に関する事項：意味，背景情報

2．Explanation のポイント

　前掲の教材（p.68 参照）について，Explanation のポイントや確認すべき事項を示します。
① Water is one of the most important resources in our lives.
　・この段落のトピックが water であり，「重要な資源のひとつ」であること
　・one of の後には複数名詞が続くこと
② In some countries, however, people can only use dirty water every

day.
- however の働き：ここでは第一段落のトピックセンテンスを導く
- only の意味：否定的な意味合いで「〜しかない」

③ These countries also have many other problems and the governments can't improve the water system by themselves.
- These countries はどんな国を指すか：汚い水しか使えない人々が住む国
- also に関連して，他にどんな問題が考えられるか：貧困，内戦，自然災害など
- the water system とは要するに何か：水道，給水ネットワーク

④ What can we do to help them?
- なぜ we か：他人事ではなく私たちにかかわる問題だから
- them はだれを指すか：汚い水しか使えない人々，あるいはそういう国の政府

⑤ We can get a good idea from the Ryan's Well Foundation.
- この文が第 2 段落のトピックセンテンスであること
- 水問題の解決策はどこから：Ryan の井戸財団

⑥ The foundation is an NPO, or nonprofit organization.
- NPO とは何か：非営利団体
- an NPO でなぜ an になるか：N の発音が母音で始まるから
- or の働き：言い換え

⑦ Its goals are to bring clean water to developing countries and to educate young people about the need for clean water.
- 財団の 2 つの目的とは：「発展途上国にきれいな水を届けること」「きれいな水の必要性について若者たちに教育すること」
- to の働き：活動や動作の「方向」を示す

⑧ The foundation now has several projects in African countries.
- 財団の補足説明：アフリカ諸国でさまざまな事業

⑨ Who started such an active organization?
- 話題を組織から人に向けている

⑩ It was Ryan Hreljac, an ordinary school boy in Canada.
- Ryan Hreljac はどんな人：カナダに住む平凡な学生

・It の働き：強調。<u>It was</u> Ryan Hreljac, an ordinary school boy in Canada <u>that</u> started the organization. と考える

⑪ It all began in 1998.

・It の働き：具体的に何かを指す言葉ではなく，状況から何を指すのかを判断する代名詞。ここでは Ryan が財団を組織して人々を助ける話

⑫ Ryan was six years old then and a student in Nancy Prest's first-grade class.

・当時の Ryan の年齢と社会的身分

⑬ One day, Ms. Prest said that in Africa, people were dying because they didn't have clean water to drink.

・Prest 先生は何を語ったか：飲むのに適したきれいな水がないので，人々が死んでいる

・進行形によって，生々しい様子が描かれていて，事の深刻さが表現されている

・to の働き：「つながる」を意味する。「飲むことにつながるきれいな水」，つまり飲料水

⑭ She also explained, "In Africa, a single penny will buy a pencil and 70 dollars will pay for an entire well."

・Oral Introduction で触れたように鉛筆 1 本の値段は日本円で約 1 円，井戸全体は約 5600 円

・物や金が主語になっている表現に注意

・Ryan の行動についてどう思うか

VI　Reading Aloud

　Reading Aloud（音読）という活動は，本書が提案する授業の「型」の流れでいうと，内容や言語項目に関する Oral Introduction の後，それを補完する Explanation までで理解を図り，それを土台として理解した内容の定着を図り，発表スキルにつなげるために行う基礎訓練として位置づけられます。Explanation までは内容理解という，どちらかというと受動的な活動ですが，音読はアウトプットにつながる最初の段階であると言えます。

　日常生活では，子どもに読み聞かせたり，朗読を披露する場合を除いては，書いてあることを声に出して読むと言うことはそれほど頻繁に行われることではありません。また，声に出して読むという作業は，書かれたものを素早く読み取る際にはむしろ邪魔になるとも言われます。

　しかし，外国語を学習する場合には，音読という比較的簡単に行うことができる活動は，大きな学習効果を発揮する訓練方法です。その一方で，単純かつ簡単に行える活動である故に，その意義や実施方法がきちんと理解されないまま，効果が発揮されないというケースも見受けられます。

　ここでは，まず音読という活動の意義について再確認し，陥りやすい間違いについてまとめたあと，具体的な音読の活動の流れを見てみたいと思います。

1．意義と目的

　教科書の本文などを音読する意義としては，次の３つが考えられます。

①内容理解を確認するための音読
②英語の音声に慣れ，文字と音声の関連を確認するための音読
③書かれていることを音声として表現するための音読

　①では，導入から説明までで理解した内容を自分で音声化してみることによって，理解したこと，していないことを確認できるようになります。②では，書かれていることを自分で音声化することを通じて，発音に習熟すると

ともに，文字と音の結びつきも意識することができるようになります。さらに慣れてきた段階では，③のように音声表現の活動として音読することを目指します。

　音声的な発表活動としては，より自由度の高いコミュニケーション活動もありますが，正確さが犠牲になってしまうと言う欠点があります。音読の場合，きちんとした英語で書かれたものを見ながら音声化する作業であるため，スピーキングなどの活動に比べて，精度を保った状態で音声作業に取り組むことができます。さらに，書かれたモデル通りに音声化できているかどうかを判断できるので，理解の度合いを確認したり，音声面の完成度を確認しやすいという長所もあります。

2. よくある失敗・間違い

　授業では音読を採り入れているのに，なかなか効果が見られないという相談を受けることが多くあります。状況を聞いてみると，そういう場合には次のような失敗や間違いが共通してみられることがあります。

(1) 内容理解不足
　読もうとする文章について，導入や説明をきちんと行う前にいきなり音読させるという間違った手順が意外と多く見られます。音読する前に，内容についてしっかり理解していることを確認しておくことが重要です。「何度も読んでいるうちにわかってくるだろう」というのは，乱暴でもあり，せっかくの音読の効果を低下させることになってしまいます。

(2) 指導手順の配慮不足
　上の「意義と目的」で挙げた3つの音読は，いずれも学習者にとっては簡単なものではありません。自信を持って読めるようにするための手順や段取りに配慮がないと，音読の効果が期待通り得られません。

　ひとりで声に出して読む前に，みんなで一緒に安心して練習したり，読めない箇所について確認できるような機会を設けたり，学習者が心理的な負担を感じないような足場づくりが求められます。

　そして，そのように設定したさまざまな音読練習について，何を目指し，

それぞれがどのような見通しを持ってつながっているのか，そのためにどんな指導をするべきなのか，あまり意識されていないことも少なくありません。後で紹介する Buzz Reading を何度も繰り返しやらせる場面を見受けますが，その目的を考えると，多く繰り返すのは逆効果であると言えます。

（3）指導の欠如

　音読を多くやっているのに効果が見られないといういちばんの原因として，やらせっぱなしで，より上手に読めるための指導や，発表活動につなげる土台を固めるための指導がなされていないことが挙げられます。

　しかし，学習時間も限られた中で成果を生むためには，必要な場合にはきちんと指導をすることが本当の意味で生徒のためになることで，それを可能にするための信頼関係と授業の雰囲気作りが重要です。より上手く読めるようになるために指導をしているのだ，ということが生徒に伝われば，指導も受け入れられやすくなるでしょう。

3．いろいろな音読

　生徒の練習しやすさや難易度を配慮すると，Chorus Reading, Buzz Reading, Individual Reading という3段階がおすすめの基本手順の「型」です。

　これらはどれも実施しやすい定番の練習法ですが，指導上の大事なポイントをおさえないと効果が上がらなかったり，逆効果になったりするので注意が必要です。

（1）Chorus Reading

　文字通り，生徒全員が声を揃えて音読する活動です。通常，教師のモデルに続けてリピートする形を取ります。現実のコミュニケーションという観点から考えると，作業としては不自然かもしれませんが，教室での練習方法としてはもっとも手軽で生徒も安心して取り組めるため，正しく行えば効果的です。

　皆で声を揃えて言うことによって，自分の読みと周囲を比べることができ，間違いに気づきやすい，仲間の読みに助けられて練習しやすい，手際よく実

施できるので時間節約になる，などの長所があります。

　一方で，声を揃えて読もうとすることによって，プロソディがある程度犠牲になる，特に文頭の弱起が強くなってしまう（文頭の "I" がすべて強くなってしまうなど）という弊害もありますが，教師のモデルの示し方や指導の入れ方によってある程度影響を低減することは可能です。

　まだ一度も音読モデルを示していない場合には，リピート練習に先立って，音読の到達目標を示すためにも，まずは教師が Model Reading を行うか，録音音源を用いてモデルを示します。

　続くリピート練習でモデルを示す際には，教師は本文をほぼ暗記しておく必要があります。少なくとも，教師は教科書をじっと見ながら読むのではなく，ちらっと見て出だしを確認すれば文全体が言える程度にはしておくべきです。これには理由があります。生徒は，教師がモデルを発声しているとき，それを聞きながら教科書の文字を目で追っている必要があります。ですから，教師は生徒たちが教師の顔や天井をぼーっと見ながら聞いていないか，確認しつつモデルを示す必要があります。そのためには，本文を頭に入れておかねばなりません。

　長い文の場合には，不自然にならないようにどこで区切るか，事前に確認しておきます。また，生徒がつまずきそうな箇所や，念入りに指導したいところを確認しておくと，円滑に指導ができるようになります。

　生徒全員が一斉に音読するとき，教師は耳だけでなく，生徒の口元を目で確認しながらモニターすることが重要です。慣れれば 40 人の学級でもどのあたりからおかしな音声が聞こえてくるか正確に判別できるようになりますが，生徒の口元を見ていれば，正しい発音になっているか，きちんと読んでいるかを把握できます。そのようなモニターを行うためには，生徒が読んでいるとき，教師は教科書を目で追いながら確認するのではなく，本文を頭に入れた状態で目は生徒の口元を見ながら聞いていなければなりません。

　きちんと読んでいない，あるいは自信が持てず読めていない生徒はいるものです。そのような場合は，必要に応じて同じ文を繰り返します。その際，単に繰り返すだけではなく，どこがどのように違うのか，どうしたら正しく発音できるかについて手短に指摘してから繰り返すのが効果的です。

　Chorus Reading では，「空読み」に注意することが重要です。これは，生徒が文字を確認しながら発声するのではなく，単に教師の音声モデルを耳

で聞いて（文字を介さず）それを口に出している読み方です。なぜこれが良くないかというと，文字を介さず音声だけオウム返しにしていると，いざ自分で文字を音声化しようとしても，文字と音の結びつきが把握できなくなってしまうからです。そのような状態に気づいたら，注意を促して繰り返すか，そういう生徒に個人指名して読ませるなどの対応が必要です。

　「よくある失敗・間違い」のところでも指摘した通り，この段階から躊躇せず必要な指導をすることが重要です。この段階での指導が，この後に続く音読練習や，その先の発表活動でのパフォーマンスに大きく影響してきます。

(2) Buzz Reading

　Buzz とは蜂の羽音などのブーンという擬音語です。Buzz Reading とは，生徒が一斉にではなく，各自のペースで音読するときのざわざわと聞こえる様子を羽音に例えた名称の練習方法です。Chorus Reading との違いは，教師のモデルなしに自分で文字を見て音声化する必要があること，声を揃えて言う必要がないのでプロソディが乱れにくい反面，仲間に助けられて読むことは期待できないことなどです。

　Chorus Reading に続いて Buzz Reading を行うことにより，生徒たちは，教師の音声モデルがなくても，自分で文字を音声化できるかどうか確認することができます。読めない箇所があるときにはすぐに確認しやすいように，教師は生徒たちの間を回りながら質問に対応できるようにします。

　本文の長さにもよりますが，3回程度繰り返させるのが一般的です。中には回りの様子をうかがいながらやったことにしてしまう生徒もいるかもしれませんが，2回と指示すると1回しか読まない生徒もいる可能性がありますが，3回と指示すれば，読むのが遅い生徒でも少なくとも2回は読むことが期待できます。

　ただし，繰り返しの回数が多ければ良いというわけではないことに注意してください。なぜなら，Buzz Reading では回数をこなして定着を図ることよりも，自分で読めない部分を認識し，それを解決するのが重要な目的だからです。自信を持って読めない部分を残したまま，何度も繰り返し読ませようとするのは生徒にとって良い活動とは言えません。

　Buzz Reading では，生徒を立たせて，指定した回数読ませた後，着席させることがしばしば行われます。なんとなく立たせるのではなく，意図を

持って立たせるのであれば，意味のあることだと言えます。立たせる利点としては，①誰が読み終えたかわかりやすい，②机間指導中に生徒の口元が教師の耳の高さに近くなるため聞きやすい，ということがあります。

　立たせた場合に問題になるのは，遅い生徒への配慮です。つかえながらもがんばってきちんと読み通そうとする生徒がいつも最後まで立ってがんばっているという状況になりがちです。それでもめげずに意に介さない生徒ばかりとは限りません。そういう状況を避けようと，回数はこなせてなくてもなんとなく座ってしまうと言う生徒も出てくる可能性もあります。

　そこで，「所定の回数読めたら，今度は座ったまま練習を続ける」というルールにしておく方法があります。そうすると，皆が終わって静かに座っている中，立っている生徒だけがんばらねばならないという状況は避けられます。

　読めないところを解消するのが主目的ですから，Buzz Reading 中に教師は教室内を回り，できるだけ多くの生徒のモニターや指導をしなければなりません。クラス全体の前では恥ずかしくて質問できなくても，教師がそばに来ると確認することができる生徒は多いものです。指導の声かけもポイントを押さえて簡潔に短時間で行うのが理想的です。ひとりに時間をかけすぎると多くの生徒に対応できなくなります。

　生徒のところを回りながら，耳と目を研ぎ澄ませて生徒のパフォーマンスをモニターすることも重要です。Buzz Reading のあとの個人読みで，誰に指名できそうか目星を付ける良い機会でもあります。もちろん，練習をサボっている生徒を見せしめに指名するのはもってのほかですが，がんばりが実を結びつつある生徒や，普段あまり目立たず挙手などしない生徒が上手に読めている場合など，背中を押して指名して達成感を感じさせてあげると，その後の学習に良い影響が出てくることが期待できます。

　巡回中に生徒個人に指導するだけでなく，Buzz Reading の締めくくりには，机間指導中に得た情報を踏まえて全体への指導を行うのも大切です。それを行わずに個人読みに入ると，同じことを何度も指摘しなければならない状況になり，教師も生徒も無駄に消耗することになります。

(3) Individual Reading

　音読活動の締めくくりは，自分ひとりでクラス全員に聞こえる声量で読む

個人読みです。

　できるだけ多くの生徒に発表の機会を与えられるよう，最初は 1 文ずつ，それから 2 文，3 文と増やしていく方法が効果的です。対話形式ならば文の代わりにパート（セリフ）ごとに行なったり，段落ごとに指名したりするという方法もあります。

　ひとりで読むというのは誰でも緊張するものですが，その緊張感の元で練習する効果もあると言えます。それでも，教師は生徒が感じるプレッシャーに配慮を忘れないようにしましょう。

　個人読みまでの音読練習で念入りに指導すれば，ある程度の自信は持てるはずですが，それでも声が小さかったり，口ごもったりする生徒はいるかもしれません。そういった場合，聞きにくいからと生徒に近寄っていくのは逆効果です。近ければ尚更大きな声を出す必然がなくなるからです。

　指名の順序も，ランダムに指名する方が緊張感は高くなり，生徒の集中度は増します。席順で指名したために，生徒は仲間の音読に耳を傾けて本文を目で追うことより，どの文が自分に当たるかを探るのに忙しいなどと本末転倒にならないように注意が必要です。

　Individual Reading の間も，それまでの音読と同様，直すべきところには助言や指導をすることが大事だということは変わりありません。Buzz Reading までと異なり，Individual Reading の段階では個々の発音だけでなく，イントネーションや間のとりかた，声の大きさや表情など，プロソディ面に重点を置いた指導も望まれます。

4．何をいつ・どこまで指導するべきか

　せっかく読めたのに細かいことを指導するのは可哀想だ，生徒が萎縮してしまう，と感じますか。

　確かに，改善点を指摘されないほうが生徒は心理的には楽かもしれません。まして，欠点ばかりを滅多斬りにされれば，学習に背を向けることもあるかもしれません。しかし，より上手く読めるようになりたい，という気持ちはどの生徒も必ず持っているはずです。惚れ惚れするような発音で教師がモデルを示せれば，そういう気持ちは一層強くなるでしょう。そういう潜在的な希望に応えるためにも，教師は生徒の様子を見ながら，できる限りのフィー

ドバックをするのが務めだと言えます。

　まして，音読ができるようになったあとは，より内容やメッセージに重点を置いた発表活動を行うことになりますが，その段階で発音にばかり指導を加えなければならない状態では，生徒もやる気をそがれてしまいます。だからこそ，音読段階でしっかりと指導をしておくことが大切なのです。

　間違いがあっても "OK." とか "Good!" などと反応して細部を不問にすることは，その生徒だけでなく，聞いている他の生徒たちへの暗黙のメッセージにもなってしまいます。とは言っても，何から何まで指導しようとすれば，指導される生徒も周囲の生徒も気持ちが落ち込んでしまうでしょう。そのような場合でも，「いくつか課題はあるけど，今はまずこの点についてがんばってみよう」という形で指導するのがいいでしょう。

　Buzz Reading 中の机間指導と違って，個人読みでの指導は，個人に焦点が当たることを配慮する必要があります。その場でズバリと指摘して指導できる雰囲気を作れれば理想的ですが，そうではない場合には，ひとりひとりに対する講評は良かった点や達成できたところにとどめ，改善点は最後に全員分まとめて行う方法も考えられます。

5. 音読から発表への橋渡し

　これまで紹介した 3 つの音読活動をしっかりやれば，かなり上手くなるはずです。それでも，そこから直接「話す」ことにはつながりません。そこで，ここからは「読む」という作業から「話す」作業へつなげるための活動を行います。

　書かれたものを音声化するのが読む作業ですが，実際の話す活動では，書かれた情報を音声化するのではなく，自分の考えを音声という形で表現することになります。そこで，文字情報を少しずつ減らしながら話す作業に近づける練習展開の代表例を紹介します。

(1) Read & Look-up

　これは，1) 生徒たちは次に音読する部分を短時間黙読して確認し（"Read the next sentence."），2) それをいったん短期記憶にとどめ（"Look up!"），3) それから何も見ずに音声化する（"Say."），という練習です（括弧内は指

示のサンプル）。言う文をいったん覚えなければいけないことと，文字を見ずに言うところが，通常の音読より話す活動に近づいている点です。

　応用編としては，上の 2）と 3）の間にポーズを入れ，記憶にとどめておく時間を長く取るやり方があります。"Look up and wait." と言って教師は手のひらを生徒に向け，それを返すと同時に言うと決めておくとスムーズに行えます。

　うまく言えない部分は繰り返させ，生徒たちの口元を観察してしっかり言っていない生徒に注意喚起したり個人指名しながら緊張感を保つと効果的です。

(2) 穴埋め音読（Cloze Reading）

　教科書の本文や対話文にマスキングをして穴を開けたシートを準備し，それを補いながら音読する練習です。前後関係や文構造などを頼りに，隠された部分を補いつつ読むところに発表的な要素が含まれています。

　無理なく取り組め，生徒の能力差に対応するためにも，重要な語のみに限定して少なめにマスクした易しめのバージョンと，より多くの語句をマスクしたり，文の始まりだけ残した難易度の高いバージョンを用意するといいでしょう。ひとりで取り組むより，ペアで助け合い確認しながら練習すると楽しく効率的です。

　教科書のコピーを黒く塗りつぶすだけでも簡単に作れますし，ページをスキャンした画像の上に不透明の四角い図形を配置しても簡単に作れます。ペアで行うことを想定すれば，両面印刷で裏面には正解や訳などをつけておけば，ペアでの助け合いに役立ちます。

　ペアで取り組む間，教師は教室を回って助言やモニターをすべきなのは言うまでもありません。最後に，個人でクラスに向けて穴読みを行う機会を設けるのも良い発表活動になります。

(3) 板書等を用いたリテリング

　さらに話すことに近づけた活動としては，導入で用いた板書を指差しながら本文の内容について再現して発表する活動が考えられます。結果的にはどちらも口にするのは教科書本文通りの英語でも，本文を音読するのと，絵などの情報を指差しながら，それに対応した英語を言うのは，かなり質的に異

なる活動といえます。板書と同様のハンドアウトを用意して配布すれば，生徒が板書を写す負荷を軽減でき，家庭で練習することもできるので，一石二鳥です。

(4) その他

　もともと同時通訳の世界で，訓練として用いられていた Overlapping や Shadowing を言語学習でも流用するようになりました。これらも音読から話すことへの橋渡しの活動として用いることができますが，そこに至るまでには，内容面での理解を確保することと，基本となる音読練習が必要であることは忘れてはいけません。

Ⅶ-（1）Activities（中学校編）

　新出の文法事項や本文の導入が行われ，意味もわかり，音読もできるようになると，次はいよいよそれらの新出事項を学習者自身が実際に使っていく場面が求められます。実際には，日本語母語話者同士で英語を使うことは，真の英語の使用にはならないかもしれません。しかし，通常は教室の外へ一歩出てしまえば英語を使用する場面が望めない ESL の環境にいる生徒には，疑似体験として行わせておく必要はあります。いわば，実践の準備のための Activities です。

1. ペアワーク

（1）文法事項の練習として
　前掲の中学校 1 年生用教科書教材の GET Part ①（p.50 参照）の言語材料について Oral Introduction が行われ，Explanation を経て，学習者は一応，一般動詞の三人称単数現在形の平叙文を理解し言えるようになっている状態とします。それらの動詞を使って，実際に生徒自身が表現してみたいことが言えるか挑戦させたいわけですが，ここでは，平叙文のみしか扱っていないため，Q&A を生徒間で行わせることはできません。しかし，実際には平叙文だけのコミュニケーションも存在します。そこで，ここでは，ターゲットの文を言うだけではなく，それに 1 文付け加えさせて，より内容をリアルなものにさせ，パートナーにはその平叙文に対して応答させるというペアワークを紹介します。以下は，教師の指示内容です。

T：Now introduce someone with these words.（these words とは導入で板書した play, live, teach 等の動詞です。例を出しながら必要があれば書き加えます。）Your family, your friend, your favorite artist, anyone is OK.　And add one sentence.　For example, "Ms. Mori lives in Saitama.（導入で提示した文です。）She likes her town." One more example, "Hanyu Yuzuru, a figure skater, likes Winnie-the-Pooh.　He is great and cute." And after you listen to your partner's sentences, say something to them, like "Yes, I think so too." "Really?" "I see.", and so on.

(2) 本文の内容を読み込み，語彙や表現を練習するために

　教科書の本文はたとえ分量が限られていても，生徒が別の場面での再利用ができれば，役に立つものが多く含まれます。そしてこれが唯一のインプットとなります。そのため，リテリングがよく行われます。ここまで本文の内容を理解し，音読練習までしてきたのですから，生徒の頭の中には，教科書本文の内容の記憶が残っているわけで，それを英語でしっかりと表現させていこうというものです。したがって，本文を丸暗記させるのではなく，Oral Introduction で提示された板書の語彙やイラストをキューとして，学習者自身に本文の内容を再構築させていきます。ペアで練習をさせることにより，パートナーを聞き手とし，評価をしてもらったり，わからなくなった時には助けを出してもらったりすることができます。練習の際には，板書とほぼ同じ内容のものを印刷したワークシートをペアに 1 枚配布して行わせます。そうすると，各自に 1 枚配布されて，それぞれが自分のワークシートだけを見ることは避けられ，協力し合うようになります。

(3) ペアワークの留意点

　ペアワークは教師の支援を離れ，生徒自身が挑戦するための，もっとも手短な学習形態です。したがって，特別に新たな言語材料を提供するのではなく，そこまでの全体での学習の延長線上にあるもので，これなら言えると生徒に思わせるようなタスクである必要があります。わからないと生徒はすぐに日本語でパートナーと話してしまいます。

　そして，もっとも大切なことは，ここで生徒に使わせる英語はできる限り生徒の実体験に連動するものにし，単なる練習のための練習にしないということです。さらに，その成果は必ず全体で発表させるなどして，やらせっぱなしにしないことが重要です。

2. グループワーク

(1) 文法事項の練習として

　前項のペアワークの時と同様に，教科書本文に提示された言語材料の導入

や説明を経て，生徒は一応，一般動詞の三人称単数現在形の平叙文を理解し言えるようになっている状態とします。ここから，ペアワークで知りえたパートナーの情報を別のペアに伝えるというグループワークを紹介します。

T：Now ask your partner about his or her favorite sports, artists, or food.　One question is OK.　For example, what sport do you like, S1?

S1：I like tennis.　I play it every Monday and Wednesday.

T：Very good.　You answered my question in two sentences.　Now it's your turn.　Ask me a question.

S1：What food do you like?

T：Well, I like baked sweet potato.　I often make it at home.

S1：I like sweet potato too.

T：Oh, that's good.　Just like this, ask your partner one question and answer it in two sentences.　And remember your partner's answer.　Now start.

　このようなペアワークの後には，パートナーの答えを三人称単数現在形を用いて全体に報告させることで，当該のターゲットの文を言わせることはできますが，限られた発表者だけの活動にとどまってしまいます。そのため，以下のように指示して，グループワークでターゲットの文を使ったActivitiesを行わせることができます。

T：OK, stop talking and find another pair to make a group of four.　Then talk about your partner to the other members of your group. さっきパートナーから聞いたことをグループの他の人たちに伝えてください。Also, ask more questions in your group.　And later introduce to other groups one of the members in your group in three or four sentences. グループ内での質問の答えも入れると2文以上で紹介できますよね。S1 likes tennis and he plays it every Monday and Wednesday.　Do you remember it?　Then you can ask him more questions.　For example, do you like Nishikori, S1?

S1：Yes, I do.　I like him very much.

T：Thank you, so you can say, "S1 likes tennis.　He plays it every

Monday and Wednesday.　And he likes Nishikori." OK?　Now
make groups of four.

このように指示して，最後にグループの代表者にメンバーの 1 人を複数
の英文で紹介させて確認をしていきます。

(2) 本文の内容を読み込み，語彙や表現を練習するために

　ペアワークでは教科書本文 GET Part ①（p.50 参照）のみのリテリング
を紹介しましたが，GET Part ②，③までをすべて通すと，Brown 先生の家
族を紹介することができます。その際は，4 名程度のグループを作らせて，
①，②，③の Oral Introduction で使用したイラスト（p.59 参照）をそれ
ぞれ別の用紙に印刷して，紙芝居のようにしたものを各グループに配布しま
す。各グループ内で，紙芝居のどの部分をだれが担当するかを決めさせて，
4 人で Brown 先生の家族を紹介できるように練習させて発表に備えさせま
す。さらに，全体での発表の際に，他の生徒に対して内容についての質問を
用意させておくと，グループでのモチベーションが上がります。

(3) グループワークの留意点

　ほとんどの Activities はペアワークで行うことができます。それをあえて
グループで行わせるためには，グループではないとできないものにする必要
があります。また，すぐに日本語で話し始めてしまわないように，グループ
内で行うことを明確に単純にしておく必要があります。

3. 発表

(1) Plus-One Dialog

　中学校の教科書の本文は，対話文になっていることがかなりあります。日
常的な言語使用の場面を想定すると，対話文が本文になるのは当然ですが，
暗唱させるとしても，GET Part ②，③で見るような対話文は，ペアで演じ
させることになります。しかし，高校の教材のように事実や人の考え方等を
暗唱して言うことは架空の話ではありませんが，Ms Brown と Ken になり
きって演じさせることが，生徒にとってどれほどの実感を持たせることがで
きるか，限界があります。

　そこで，対話文のどこかに，1文加えさせて，自分たちのオリジナルの対話文として発表させる Plus-One Dialog という Activities を紹介します。もちろん，内容を大幅に生徒に変更させることも可能ではありますが，テキストを見ないで演じさせることを前提とすれば，1文だけでも十分です。たとえば，「Ms Brown が Ken の質問に対して最後に “No, he doesn't.” としか言っていないのですが，その後，何か付け加えて言ったとしたら，皆さんはどのようなことを言いますか？」というように生徒に投げかけます。そして，発表のための練習として音読や Read & Look-up を行わせて，その練習 の中で自然に出てきた台詞を付け加えさせるようにさせ，それを発表させます。

　1文でも付け加えるためには，それまでの本文の意味をよく理解していないと適切にはできません。必然的に，この架空の対話文が生徒に実感されていきます。また，発表もどのような1文が追加されるか，聞いている生徒たちにも楽しみになります。

(2) リテリング

　1．ペアワークにおいて教科書本文のリテリングについてはすでに紹介をしていますが，実際には，なかなか生徒は取り組めません。語句等の Cue があったとしても，GET Part ①の7つの英文の内容をすべて言えるとはとても思えません。そのため，リテリングに向かわせるための手順をここでは紹介します。

　教科書の音読も終了した後に，まずは少しずつ，文字から離れる練習をさせます。この時に Read & Look-up はよく行われますが，意外に生徒はしっかりと顔を上げて言うことができない場合もあります。その際には，テキストの動詞や重要な内容語を空欄にしたワークシートで空欄を補いながら音読させる穴埋め音読（Cloze Reading）という練習をさせます。

　次に，Oral Introduction で板書した語句やイラストに再度注目させて，もう一度，教科書の話を生徒に質問しながら確認をしていきます。たとえば，以下のように行います。

　T：Look at these pictures again.　These are Ms Brown's ....

　C：Parents.

　T：Yes, that's right.　Repeat after me, class, "Those are Ms Brown's parents."

C：Those are Ms Brown's parents.

T：OK.　Are they from England or Scotland?

C：Scotland.

T：Yes, they are from Scotland, but they live in ....

　教科書は Ms Brown の立場で書かれていますが，リテリングでは生徒の立場で話していきますので，当然 my は Ms Brown's のように変えていく必要があります。この点も，このような教師による確認で気づかせることができます。

　そして，ここで初めて，すでに紹介したようなペアワークでのワークシートを用いた練習をさせることができます。それでも生徒に負担を感じさせるようでしたら，発表部分を役割分担させ，担当の部分だけを練習させて，発表は 2 人で行わせることもできます。

　リテリングのポイントは，生徒の言葉で教科書の内容を再現させることです。暗唱とは異なります。しかし，中学 1 年生のレベルではあまり言葉の選択肢もなく，実質上は教科書と同じになってしまう可能性はあります。そのため，中には，ひたすら暗記しようとする生徒もいます。それを防ぐためには，必ずしも教科書とまったく同様に言う必要はないこと，自分の言葉で表現できたほうがいいこと等を繰り返し伝えます。さらに，発表に対する評価として，どのようなオリジナルの文があったか，聞き手の生徒たちに言わせていくことも効果的です。

(3) Show & Tell

　たとえば，日本文化を扱った単元には，どの教科書にも，生徒に日本的な何かを ALT に紹介するような課題があります。その手順にのっとって日本文化を紹介する原稿を書かせます。ただし，ここでは伝統的なものにこだわらず，生徒の興味にまかせ，漫画やリニア新幹線等も OK とします。原稿をチェックしてフィードバックした後，発表に向けた練習をさせます。発表の時に提示するものは実物に限らず，画像でもいいこととし，学校で用意をさせます。実物や画像について説明をしながら話を進めていく活動であるため，実物や画像の提示の仕方や，それに合わせた発表の仕方を工夫させます。そして，発表の直後に，参加した ALT に質問をしてもらい，生徒には即興で

答えさせると，英語を使ったことを実感させることができます。

（4）発展的な活動

　比較表現を扱った単元では，調べたことをまとめて発表するという発展的な活動を行うことができます。単元の学習が一通り終わったところで，4人で1グループの各グループに，クラスの生徒に聞いてみたい比較表現を使った質問を考えさせます。たとえば，"Which do you like better, dogs or cats?" "Which season do you like the best?" のようなものです。もし，クラスが20名ぐらいであれば，4人で分担してその質問に対する答えと理由をクラス全体の生徒に個々に聞いていきます。もし，20名を超えるようであれば，教師は各グループの質問を集めて，1枚の用紙にまとめて，クラス全体の生徒にそれぞれの質問の答えと理由を書かせます。そして，教師はその答えを質問別にまとめて，各グループに渡します。それぞれのグループには自分たちの質問に対するクラス全体の答えと理由が集まるわけです。それを各グループで集計させて，発表のデータとします。そして，結果を発表する英文を作成させます。さらに，その発表原稿をもとにパワーポイント等を使って発表できるように準備をさせます。発表ではそれぞれ自分の答えた結果が全体としてはどうであったのか，聞いている生徒も楽しむことができます。また，準備から発表まで一貫して比較表現を身近な形で繰り返し使うこととなり，興味深い発表活動となります。発表の内容は以下のようなものになります。

　　Our question is "Which do you like better, dogs or cats?" Twenty-five students answered, "I like cats better." Only 5 students like dogs better than cats. We hear that cats are more popular than dogs these days. The result in this class was the same. Why do you like cats better than dogs? These are the reasons. ....

（5）発表における留意点

　いずれの発表も単発ではなく，必ず学習した単元で学んだことを生かせるような設定をします。そうすることにより，生徒は単元の基礎的な学習にも真摯に向き合えるようになりますし，発表へ向けての練習も楽しくなります。

　教師は生徒が表現したいことをできる限り言えるようにと苦心すると，生

徒が表現できるレベルを超えて，時に難しい語彙や表現を使わせてしまいます。しかし，それは当の生徒も覚えることができませんし，聞いている生徒に理解してもらえない可能性もあります。それまでに学習した範囲で表現できることにできる限りとどめ，発表者と聞き手が一体となって楽しめる発表活動にしたいものです。

4.　即興的なやり取り

　学習指導要領では中学校においても「即興でのやり取り」を求めています。本来のスピーキングはまさにそうしたもので，特別に驚くことではないのですが，今までは，これほど明確に求められることはありませんでした。

　日本人が英語で対話することをもっとも苦手とするのは，書くことと異なって，わからない表現について辞書を引く時間もなく，言いたいことが言えず，立ち往生してしまうからです。そもそも，「話すこと」と言いながら，実は相手が言っていることが理解できないという，聞く力の不足という可能性もあります。一方，文字情報からの学習で，ある程度理解が進んでいる生徒は，スピーチの原稿を時間をかけて作成し，それを暗記して言うことはなんとかクリアできると思っています。日常生活で実際に英語を使用する場面がほとんどない日本においては，仕方のないことではあるかもしれません。そして，教室という限られた空間で展開される英語の授業にも，最初から必然的な英語使用の場面が用意されているわけではありません。では，どうすべきなのでしょうか。可能な実践を段階的に紹介します。

(1)　話してから書く

　Ⅲ Oral Introduction やⅦ Activities の項でお気づきかと思いますが，新出事項は音声先行で導入し，その Activities も話すことが中心となっています。ところが，生徒が不安になって言えないのでは，という大前提のもとに，「ペアワーク」(pp.104-105) で紹介したようなタスクになると，先にノートに言うべき英語を書かせて，ペアワークではそれを読み上げるということがよく行われているようです。書いたものを読むことはスピーキングではなく，単なる音読です。それでもこの書いてから言わせるというスタイルはよく行われているのが現状です。生徒が誤って言ってしまってはかわいそうだ

から，そして，1文でもしっかりと言わせたいという思いがそうさせているのかもしれません。しかし，ここで心を鬼にして挑戦させていかないと，実際のスピーキングと同じ状況にはならないのです。中学1年の最初から，文字よりも音声が先というルールを守ることができれば，生徒はすぐに慣れます。そして，言ったことを文字と結びつけて書かせて，内容を確認させると学習したことを生徒に再確認させることができます。

(2) 1文で終わらせない指導

　1年生の学習事項は疑問文と答えで成り立っているものが多くあります。たとえば，"Do you like 〜?"という疑問文に対して，"Yes, I do."または"No, I don't."と答えられるようにしたい指導においては，教師が生徒ひとりひとりにその質問をしていく場面があります。とかく教師はしっかりと答えてもらうことを期待してしまいますので，生徒が"Yes."だけではなく"Yes, I do."と答えてくれるとそれだけで安心してしまい，"Good."と言って終わりにしてしまいます。しかし，実際の言語使用場面では，"Yes."と答えたら終わりということはなく，関連して説明を付け加えたりします。特に，"No."と答えた時には，何かさらに説明が欲しいような感じが残ります。逆に聞き手が関連の質問をしたりすることもあります。そのため，yes かno か答えられるようになったら，「その後にもう1文付け加えてみましょう。たとえば，"Do you like milk?"と聞かれて"Yes, I do."と答えたら，さらに"I drink it every day."のように付け加えてみましょう。」と指示してより実践的な対話を試みさせます。当然，この1文付け加える英文は，その時点で生徒が言える英語にとどめ，その場で考えさせます。

(3) 発表にもひと工夫

　上記（2）で述べた2文で答えるペアワークを行わせた際にも，実際にできたかどうか，クラス全体でも発表させて確認をする必要があります。このような時に，ペアで行った対話をそのままクラス全体の前で再現させるのが一般的ですが，その発表はすでにペアワークの段階で用意されたものになっています。答えた英語が正しかったかどうかを確認するために1組は行わせてもいいとは思いますが，最後は，ランダムに選んだ，元のペアではない生徒2名を前に出して，同じようなやり取りを行ってもらいます。それに

よって，クラス全体で確認していくことができます。非常にパターン化され
ている対話ではありますが，スピーキング本来のやり取りの一端を経験させ
るものであると思います。

(4) 対話の継続への試み

　一般動詞の過去形を学習したあたりで，いよいよ，即興で対話を続ける指
導を行っていきます。単純に "What did you do last Saturday?" という質
問にまず答えさせます。過去のことはすでに起きていることですので，生徒
は比較的楽に答えられます。ここまでの学習で使える動詞も増えています。
そして "I watched YouTube." と生徒が答えた場合には，「この後，皆さん
が聞いてみたいことは何ですか。」と聞いていきます。すると「何のユー
チューブを見たか聞きたい。」のような声が聞こえます。すかさず，それを
どのように英語で聞けるか全体で考えさせ，先ほどの生徒に聞いていきます。
その生徒が答えていくと，さらにどんな質問ができるか，または自分がその
答えにどのように反応できるか等を考えさせます。そして，このようにやり
取りしていくと，私たちが日本語で行っている日常的な会話を英語でもでき
ることを伝え，最初は先ほどの質問で 3 往復ぐらいのやり取りをペアで練
習させます。そして，同じような指導を数回繰り返し，その間に，何文言う
ことができたか数を競わせたり，話を続ける時に役立つ表現等を教えたりも
していきます。

(5) "What's new?"

　対話を続ける活動に慣れてきたら，Warm-up にこの活動を取り入れてい
きます。質問は時節のイベントにあわせたり，新出の文法事項の復習となる
ものにしたりと柔軟に変えていき，教師と生徒との対話から生徒同士の対話
をさせ，その内容を全体にレポートさせたりしていきます。さらに慣れてき
て，2 年生も中ほどになると語彙も増えてきますので，質問を "What's
new?" として，何か話題を提供し，それについて話を続けていくというよ
うにします。

　しかし，繰り返し行っていくと，だいたい生徒が答える内容が固定化して
きます。そうなったら，「自分のこと以外のネタを紹介してください」とい
う指示を出します。そうすると，ニュースの話題や自分の周りで起きている

事象について説明を試みるようになります。また，それについての自分の感想や意見等も付け加えられるようになっていきます。以下に，一部を示します。

T：What's new?

S：I went to Shibuya last weekend and saw the movie, ...

T：Oh, that's nice.　Did you like the movie?

S：Uh, not so interesting.

T：Why?　I hear that the image of the movie is very beautiful.

S：Yes, it is beautiful, but the story is .... よくわかんないというか…。

T：Oh, the story is difficult to understand?

S：Yes, the story is difficult.

T：I see.　Did anyone else see the movie too?

事前の原稿の作成は求めません。中学生ですので，使える語句や表現は限られていますし，誤りもあります。気づいた大きな誤りについては，こちらで言い直しをしたりしますが，ここでは話をすることに集中させます。そして，「もっと内容のあることを言わせたい」という教師の欲は捨てて，とりあえず生徒の手持ちの英語力で勝負をさせます。ここでがんばって難しいことを言わせても，生徒の言語運用能力がそこに達していなければ，身につくものにはなりません。即興で何回も経験を積んで誤りを繰り返しながら，少しずつ自分が学習した英語をコントロールする力をつけることができるようになります。

5. ライティング

　一口に「ライティング」と言っても，中学校では大きく２つの観点があります。ひとつは個々のアルファベットの文字を正確に書けるか，そして，そのアルファベットの文字と音とを結びつけて，音声を文字で表すことができるか，さらに，１文，または複数の英文を適切な句読法で書くことができるか等，日本語とはまったく異なる文字を使いこなせるようにする指導に関するものです。もうひとつは，表現したいことを適切な英文で書いたり，複数の英文でパラグラフを構成してまとまった情報や自分の考え等を表現するライティング本来の指導に関するものです。中学校では，「書くこと」に関

する基本的な事項を確認しつつ，高校でのライティングの指導へつなげられ
るような指導をしていきたいと考えます。

（1）文法事項の指導の最後に

　GET Part ①（p.50 参照）の文法事項の指導は，① Oral Introduction 1
（pp.51–52）で示されているように，まず，音声で導入し，次に，ペアワー
ク（pp.104–105）やグループワーク（1）（pp.105–107）においてそれぞ
れ示したように，文法事項の練習として実際の言語使用を疑似体験させるタ
スクを行わせます。そして，最後の確認として，そのタスクの中で主に使わ
れたターゲットとなる英文，または，関連して生徒が発信した実際の英文を
書かせます。

　特に，中学 1 年生では，教師が先に黒板で実際に書くところを生徒に見
せて，音声を発しながら，生徒と確認しながら書いていきます。そして，生
徒にノートに書かせます。タスクの直後だと，生徒が自分自身で話した英文
の音声が記憶に残っているので，生徒は比較的苦労せずに英文を書くことが
できます。わからなければ，黒板を見れば正解も書いてあります。少なくと
も，「〜って英語でなんだったっけ？」のようなことを日本語で考えること
はありません。生徒は書いていく間に，「話すこと」と異なって，立ち止
まって考えることができますから，音声の記憶と教師が説明した文法事項の
ポイントを確認しながら書いていくことになります。それでも，教師が思っ
ているほど生徒は英文を正確に書くことができません。まず，英文の正確さ
から見ると，ターゲットとなっている三人称単数現在形に必要な動詞の接尾
辞 -s, -es をしっかりと書けているかが問題となります。また，英文を書く
際の基本的なルールも確認していく必要があります。文の最初は大文字に
なっているか，単語と単語の間は n か o の 1 文字分空けてあるか，文の最
後はピリオドが付いているか等です。これらのことは，しっかりとチェック
をしていく必要があります。

　今は，ネット上ではすべて小文字で書いたり，発音と同じアルファベット
の文字を用いて暗号のように書いたり（たとえば，you を U のように）と，
さまざまな表記の仕方はあります。しかし，この中学の早い時期にしっかり
と基本的なことはおさえておきたいところです。

（2）教科書に関連した発表活動の後に

　リテリング（pp.108-109 参照）の発表の後に，練習し発表した内容をそのまま書かせると，教科書の内容を複数の英文で書かせることができます。そして，最後に生徒自身の考えや感想を付け加えさせると，立派な文章になります。いきなり「本文の内容を自分の言葉で書きましょう」と指示されると，中学生にとっては 3 文以上の英文をどのように書き始めてどのように展開したらよいかもわかりませんが，このような形で，言えたことを書かせると気軽に取り組むことができます。（1）で示した文法事項に関する 1，2 個の英文を書いた時と同様に，音声で発表の練習をさせておくと，その感覚がまだ残っている間であれば，同じワークシートを見ながら，なんとか書くことが頭に浮かぶのが期待できます。

　わからない際には教科書を振り返させればいいわけですが，複数の英文を書かせると思いのほか長い時間が必要になったり，個人差も大きいため，1 時間の授業では処理することも難しくなる可能性もあります。その際には，残りを家庭学習として，次の時間に提出を求めることも可能です。いずれにせよ，生徒には，教科書の本文で扱われている語彙や表現を確認させることができると同時に，複数の英文をどのように書いていくか，形式と内容を体感させることがポイントです。そして，このようなライティングに慣れていくと，教科書の単元全体の内容についてのサマリーを書いたり，感想や意見を述べるような英文も書けるようになっていきます。

（3）さらに発展させて

　本文では三人称単数現在形が扱われていました。この本文が扱われている単元の学習が終了すると，生徒は三人称単数現在形を含んだ一般動詞の疑問文や否定文等を使うことができるようになります。そこでクラスの数人の人にインタビューをして，その結果からひとりの人を紹介する英文を書くというタスクを設定します。ポイントは，教科書で学習した事項を使えば容易にできること，しかし，教科書の内容に縛られず，自分が聞いてみたいことを自分自身で考えさせ，できる限り生徒の実生活に連動させて，実感を伴った言語の使用を経験させることです。インタビューの活動は「聞く」「話す」活動となり，それをまとめると「書く」ことになり，さらにその書いた文章を相手に読んでもらうと 4 技能を統合した活動にもなります。

(4)「書いたもの」をさらに利用して

　「書くこと」は 4 技能の終着点のようにも思えますが，さらにそこから発展させた活動も考えられます。たとえば，前項（3）で書かせた友達の紹介文を，ひとつずつ音読して，クラス全体の生徒へ聞かせます。その際に，固有名詞は代名詞にして，誰のことを書いているか，生徒全員に考えさせ，英語でのやり取りを行うことも可能です。そして，このような明確な目的があると，生徒の取り組みも変わっていきます。

(5) ライティングにおける留意点

　書くことを生業にしている一部の人々を除くと，母語においても，文章を書くということは気楽にできるものではありません。まして，英語で書くとなると一気にハードルが上がります。何について書くのか，誰に向けて，何を表したいのか，それを英語でどのように表現できるのか，事前に十分に考えを整理させ，必要な語彙や表現を与えておかないと，1 語も書けない生徒も出てきます。そうなると，まず日本語で書き，翻訳ソフトで変換した英文を提出してしまうことも珍しい話ではなくなってきました。「内容のあることをもっと色々と書かせたい」という教師の思いが強すぎると，学習者の英語の処理能力を超えて，和英辞典や翻訳ソフトに頼ることになってしまいます。教師はここでぐっと我慢をして，生徒がすでに学習した語彙や表現を用いて，自分自身が表現したいことを少しでも書くことできるような指導をしていきたいものです。

　ライティングでもっとも大きな問題は，生徒が書いたものをどのように添削し評価するかです。他の技能の評価と同様に，書かせたものの目的や目標にそって評価すべきです。

　文法事項の確認として書かせた 1，2 個の英文の場合には，句読点も含めて，すべてが正確に書かれているかチェックします。労力も時間もそんなにかかりません。机間指導でも可能です。

　まとまった分量の英文を書かせた場合には，構成，語彙や語法，内容等，すべてをチェックすることは容易にはできません。だからと言って生徒に書く機会を与えないのは問題です。中学では書くことができることは限られていても，書く経験をさせることは必要です。そのため，書かせた場合には，目標に合わせてチェックする項目を決めておいて，必要なフィードバックを

行います。すべてをチェックして真っ赤になった作文を返却するよりも，生徒が書いたことを後悔しないような，教師のポジティブなコメントをつけたほうが，生徒のモチベーションは上がります。

VII -（2）　Activities（高校編）

1．発表

　語彙，文法，発音など，授業で学んだことを発表する場を用意することで英語の運用力の育成に繋がります。例えば，音楽の授業での演奏会。リコーダーなどの楽器を各自で練習し，最後にグループで合奏してお互い拍手を送り合う，というのは多くの人が経験したと思います。英語の授業でも同じです。教科書の題材をもとに，学んだことや考えたことを教室で発表することが大切です。各単元の最終活動として発表を行い，達成感を得る有意義な時間にしましょう。発表活動の例とその効果を紹介します。

（1）教室内で行える発表活動とその指導方法
①音読
　音読発表は，生徒たちが教室の前に立って英語を話す経験がない場合の第一歩としておすすめです。繰り返し音読練習したものを，教室で披露します。学年や難易度，テキストの種類によってアレンジが可能です。はじめはペアで助け合いながら発表すると負荷が小さくなります。
会話文：二人で分担し，演じる意識で読む。
物語文：地の文とセリフなどを分けて，演じながら読む。
説明文：パラグラフで分担し，交代して読む。徐々に，図を差したり聞き手に視線を送りながら，伝わるように読む。

②暗唱
　音読の発展として諳んじたものを発表します。発表形態は音読と同様ですが，覚えてきた内容を急いで棒読みするのでなく，適切な間合いや強弱を含めて，伝わるように読むよう指導します。そのために，少し易しめのテキストではじめると良いでしょう。聞く側の生徒達は何度も発表を聞くことで，更なるインプットが期待できます。

③スキット

　テキストの内容をアレンジして寸劇を演じる活動です。テキストを読み込んだ後にグループで原稿を作ります。例えば，物語文であればセリフを抽出し，必要に応じて分量を調整して役を演じます。説明文であれば，専門家にインタビューをするという設定で，聞き手と専門家の役を設けることもできます。スキットに至るまでの準備も，音読を十分行ってインプットする重要性は変わりません。

④リテリング

　リテリングは，読んで理解した内容をキーワードと視覚資料を頼りに口頭で再現する活動で，暗唱の応用編とも言えます。できるだけ自分の言葉で説明できるように段階を踏んで指導します。この後のプレゼンテーションにもつながる活動です。

　生徒たちが自信をもって前に立てるよう，十分にインプットの機会を与えます。リテリングで扱う文を予め決め，Oral Introduction の時に繰り返し練習しましょう。生徒たちは各自で練習し，ペアで聞き合い，全体へ発表，と言う順を追った練習で自信をつけます。検定教科書を使ったリテリングの例を紹介します。教科書はこれまでと変わって以下のものです。

Genius English Communication I Revised（大修館書店，平成 28 年文部科学省検定済）

Lesson 8　Water Crisis

　The Earth is often called "The Water Planet." Over 70 percent of its surface is covered with water.　Almost all of the water, however, is seawater and only 0.01 percent of it is good for drinking.　About 900,000,000 people, one eighth of the world population, have no safe water to drink.　If there were no safe water at all, we could not live.

　The World Wide Fund for Nature（WWF）says that water shortages are a problem even in the most developed countries.　Economic wealth does not always mean a lot of water.　Some of the world's wealthiest cities such as Houston and Sydney are using more water than they can supply. In London, leaks from aging water pipes are wasting 300 Olympic swimming pools' worth of water every single day. At the same time, southern Europe is becoming drier as a result of climate change, while further north Alpine glaciers—an important source of water—are shrinking.

　To make matters worse, a rapid increase in the world population and global water shortages seem almost certain to happen. The WWF calls for water conservation on a global scale and asks rich states to set an example by improving water supply systems and solving climate problems.

　内容や語彙を確認し，十分に音読をした後にリテリングの練習を行います。次のようなプリントを配布し，黒板やスクリーンにも同じものを提示して練習します。

[A]	[B]
"The Water Planet" 70percent ～, surface almost all: seawater, 0.01percent: drinking 1/8=900,000,000 ×safe water	water shortages, developed countries economic growth ex) 1. Houston & Syohey, more, supply 2. Southern Europe, drier Water conservation!

　ここでは，AとBに2分割してあります。2回に分けることも可能ですし，ペアで半分ずつ分担して行なうこともでき，生徒の負担を減じたい場合に有効です。

　[A] の部分のリテリングの例です。([B] は省略)

　[A] The Earth is often called 'The Water Planet.' It's because more than 70percent of the surface is covered with water. However, almost all of it is seawater, so only 0.01percent of it is good for drinking.　Today, 1/8 of the population, which is about 900,000,000 people, cannot get safe water.

　下線を引いてある語句が，プリントにあるキーワードです。テキストのまま覚えて話すことから始め，徐々に自分で文を作り，相手に伝わるように話す練習をします。「英語を話せる」ということは，伝えたい内容を即座に適切な英語の語句にして正しい文を作れることです。リテリングの活動は即興

で英語を話すための最適な練習です。

⑤プレゼンテーション

　プレゼンテーションは，リテリングに比べて自由度が増した活動です。伝える情報や場面設定，扱う資料も自由に考えさせます。スライドを用意させても良いでしょう。

　一例を紹介します。教科書をもとに，水問題の基本情報を会話にして伝える，というテーマに基づいて作ったスキットです。人間の女の子（Lee Lee）が，WWF で，団体のシンボルであるジャイアントパンダ Chi Chi に水の問題を話してもらいます。

　Chi Chi：Hi, Lee Lee.　Welcome to the WWF office!

　Lee Lee：Hello, Chi Chi.　This is a nice office.　So, please tell me something about the water problem.

　Chi Chi：Sure, Lee Lee.　First of all, do you think we have enough water on the Earth?

　Lee Lee：Yes, I think so.　The Earth is covered with water.

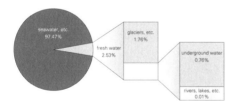

　Chi Chi：Actually, no.　We don't have enough water.　Here, look at the chart.　Of all the water on the earth, about 97.5% is seawater.　Moreover, some is frozen and some lies underground.　So, we can use only 0.01% of the water on the earth.

　Lee Lee：Only 0.01%?　Wow, I didn't know that.

　Chi Chi：So today, about 900,000,000 people can't drink safe water.

　Lee Lee：Nine hundred million?　Oh, my !....

　まず場面設定と登場人物を決めますが，生徒たちの自由な発想に任せてもよいでしょう。次に，教科書から重要な情報を抜き出し，それに関しての問答をつくり，場面に応じた感情表現を入れます。そして，発表に備えてセリ

フを覚え，ジェスチャーを添えながら練習をし，発表します。聞き手に回る生徒たちは，発表を楽しみながらも，良かった点やアドバイスをコメントします。このコメントを，教師がまとめて発表者に渡すのも良いでしょう。この活動は準備に時間がかかりますが，上手く機能すれば，幅広い種類の発表を経験できる有意義な時間となります。

⑥ディベート

　ディベートは，提示されたテーマについて，肯定・否定の 2 チームに分かれて討論を行う活動です。中学校の国語科や社会科の授業で既に経験している生徒もいると思います。この活動で最も肝心なのはテーマの提示です。二項対立が明確であり，身近な話題で理由や事例を出しやすいテーマが向いています。ディベートの様式はさまざまありますが，ルールや形式にとらわれすぎず，できるだけ単純な流れで行いましょう。

⑦ライティング

　発表活動は口頭で行うとは限りません。書いたものをお互いに紹介することで，書く側・読む側ともに多くの学びがあります。課題の種類や指導方法は 3．ライティングの項（p.128〜）を参照して下さい。

（2）評価と振り返り

　話をリコーダーの発表会に戻します。聞く側はクラスメートの演奏を細かく採点したり間違いを指摘せず，大きな拍手を送ったと思います。発表は生徒たちの成長を促すことが目的で，評価のために行うのではありません。評価は教師のみが行うものではなく，生徒が相互にコメントし，投票で賞などを決めても良いのです。評価で生徒たちを縛ることなく，達成感のある活動を提示し，生徒たち自らが成長を実感する場を提供します。

　発表活動の後は，課題に取り組んだ生徒たちが各自で振り返る機会を設けましょう。短いコメントを書いたり項目別に評価をつけても良いでしょう。教師が撮影した映像を全体で見て客観的に振り返ることもできます。時間の許す限り，発表後の振り返りや学びを共有する機会を保障し，次の段階へつなげたいものです。

（3）発表に向けての準備

　発表活動を，生徒たちが達成感と自信を得る場にするためには，計画的な指導が肝心です。新しい課に入る際には，導入から発表まで指導の流れを決めておくのが理想です。音読も，漫然と繰り返し行うより，その先の課題がわかっていると意識を持って臨めます。数字や固有名詞の読み方，感情を含めて読む部分などポイントが見えてきます。

　教師自身も，生徒に与える課題を自分で経験してから授業に臨みます。ディベートでは両方の意見をいくつか列挙し，さらには理由や質問を書き出してみます。リテリングでは難しい文を確認しながら実演してみます。ライティングでは想定した語数と時間で実際に書き，難易度や題材の適切さを確認します。何かしら問題があれば，早めの方向転換が可能です。事前に生徒の目線で取り組むことで要領良く進められ，適切な励ましも出てきます。教師も生徒たちも十分に準備して有意義な時間にしたいものです。

（4）まとめ

　さまざまな形態の発表活動を紹介しましたが，これらはいわゆる「スピーキング」ではありません。語彙力，読解力，想像力，思考力，演技力など，複数の要素を盛り込んだ総合的な活動です。「とにかく何かしゃべってみよう」ではなく，十分なインプットをした後の総仕上げです。教室で生徒たちが一緒に成長する場と位置づけて，英語の発表活動を継続的に行いましょう。

2．即興的なやり取り

　教室内での「やり取り」は，定型会話の練習ではなく，意味のある情報を伝え合うことです。本当に聞きたいことをたずね，それに対して本当のことを答える。生きたことばとして英語を使うことです。普段の生活において人と接するなかで，私達は場面に応じて話しかけ，適宜応答しています。この自然なコミュニケーションを英語でできるようにするために，日々の授業で実践しよう，というのが「やり取り」です。

　授業のどの場面でもやり取りを行うことは可能です。楽しく無理なく続けるために，いくつか心がける点があります。

(1) 生徒たちが自由に発話できる雰囲気作り

　教師から指名されて（時に起立して）答えるのではなく，思ったことを口々に言い合えるようなリラックスした環境を作りましょう。ランダムな英語での問いかけに緊張せずに答えられます。教師がクラス全体へ問いかけ，徐々に聞こえてくる発言に積極的かつ柔軟に反応することで，「自由に発言して良い，さまざまな考えや質問は歓迎する」と言うメッセージを送りましょう。

(2) 生徒に伝わる英語で

　教師の話す英語が生徒たちに伝わることが英語でのやり取り成立の大前提です。英語は速すぎないか，表現が難しくないか，同じパターンで退屈ではないか，発音は明瞭か。生徒たちが理解していないと感じたら，ビデオに撮って客観的に見たり同僚に見に来てもらって忌憚のない意見をもらうなどの努力も必要でしょう。

　英語が理解されているか不安だと，つい何度も繰り返したくなりますが，同じ質問を 3 回，4 回と繰り返すと，逆に印象に残らず，生徒たちも集中して聞かなくなります。"Listen, I have a question.　What did you 〜 ?" などと前置きをして気持ちを向かせ，じっくり聞かせましょう。

(3) 実際のやり取り

　やり取りは授業中どのタイミングでもできます。教科書の題材についての話に限らず，日常の些細なことで十分です。一例として，「英語表現Ⅰ」の教科書を用いて文法演習を行った際のやり取りを紹介します。突然話を振られると生徒たちは驚きますが，単調な時間だからこそ息抜きの会話をしたいものです。

Departure English Expression I Revised（大修館書店，平成 28 年文部科学省検定済）
Lesson 5

Get Ready to Express Yourself
①−⑤：I (able / been / have / to / will) read a lot of books before I

graduate from high school.

S3：（正解として読み上げる）"I will have been able to read a lot of books before I graduate from high school."

　T：That's correct.　So, ＊＊さん, do you often read books?

S3：Uh, yes.

　T：Yes?　So, tell me, how many books do you read a month?

S3：About two.

　T：You read two books a month, I see.　What kind of books do you like?　Mystery?　Fantasy?　Sci-fi, or science fiction?

S3：I like 東野圭吾.　So, maybe, mystery?

　T：You like 東野圭吾, I see.　So, maybe you will have been able to read a lot of books before your graduation.

(4) 答えを引き出す手順の工夫

　やり取りは問いかけから始まります。自然と答えが出てくれば良いですが，それが難しい場合，誰に答えてもらいたいのか示すと気まずい沈黙が避けられます。発問だけで回答は求めない，選択肢から選ばせる，意見を言わせるなど，段階を用意します。ペアで一度相談すると自信をもって答えられることも多いようです。生徒たちの表情もよく見て，いきなりの「指名」は避けましょう。

(5) やり取りを継続する工夫

　あいづちの一種として，生徒たちからの答えを教師が繰り返すことを習慣づけます。生徒の声が聞き取りにくいとき，全体に理解させるために有効ですし，教師にとっては次の展開を考える時間でもあります。生徒からの答えの後には詳しい情報を引き出しましょう。素直に疑問に思ったことを聞いてみます。質問を事前に用意する場合は，そこから派生して具体的な情報や意見を引き出す質問を考えましょう。そのためには，生徒たちの返答や表情を十分くみ取ります。彼らが英語で表現できなくても，言い換えをして「つまりこういうこと?」と確認しましょう。予定通りに進まなくて当然です，柔軟な対応が鍵です。

(6) 十分に時間をかける

　慣れないうちは，生徒たちはいきなり話を振られて戸惑うこともあります。徐々にやり取りをする場面を設けていきましょう。生徒たちの頭の中を想像すると，まず先生からの英語の質問を聞いて理解し，自分の返答を考え，適切な英語を当てはめ，発音に気をつけながら答える。複数の段階を経るのですからすぐには上手くいきません。日常の授業でやり取りの場面を増やしながら，焦らずに徐々にステップアップしていきます。

(7) 質問を吟味する

　質問の内容がやり取りの展開を左右します。意外な答えに盛り上がるときもあれば期待した反応が得られないときもあります。生徒からの反応が良くない場合，質問は適切だったか，必ず振り返りましょう。生徒たちは十分に背景知識をもっていたか，英語の語句は難しくなかったか，論理は飛躍していなかったか，そもそも考えるに値する問いなのか。生徒たちの日常生活や普段の様子をよく知っておくことも重要です。自分の話を興味を持って聞いてもらい，嫌な気持ちになる人は多くはいません。スムーズに返答が得られない場合，その理由を多角的に振り返ります。生徒たちだけに原因を求めることは避けましょう。

(8) まとめ

　英語を実際のコミュニケーションの手段として用いるには，教室というコンテクストを用いるのが最適です。授業を英語で行いながら，合間の些細な会話を英語で行うことから始めましょう。ここでは教師と生徒とのやり取りのみを紹介しましたが，慣れてきたら生徒同士でも自然にやり取りができるように促しましょう。

　最後に，教師の英語力が「やり取り」に最も重要であることを強調しておきます。場面に応じて即興で質問をするために，多種多様な話題に対応できるように，そしてユーモアのある返答をするためには，自由自在に英語を使えることが大前提です。たくさん英語を聞き，読み，日頃から語彙を豊富にするよう心がけます。生徒たちをがっかりさせることのないよう，教師は日々勉強するのみです。生徒たちが日々の授業で英語のやり取りを聞くことで，何かしら得るものがあるよう意識したいものです。

(9) やり取りを行う際に便利な英語での表現

①クラス全体に問いかける

- ・Do ［Are］you ～？　Yes?（首を縦に）No?（首を横に）
- ・Which do you like better, A ～ or B ～？　Choose one.　I like A.（挙手）OK.　I like B.（挙手）
- ・How many of you ～？　Please raise your hands.（挙手）
- ・Who knows the answer? / Does anyone have an idea?

②返答に対して詳細を聞く，内容を深める

- ・For example? / Such as ...? / Can you tell us more about it?
- ・Which means ...? / What do you mean by that?
- ・Why did you do that ［go there / say so］?

③返答への感想を伝える

- ・That's nice ［great / interesting / sad / terrible / awful］.
- ・That sounds nice ［good / fun / interesting］.
- ・I (really) like your idea. /I think so, too. / I love your story.
- ・I can't believe it. / I am sorry to hear that.

④返答できなかった場合

- ・Oh, you don't remember ［know］?　That's OK.
- ・Thanks anyway. That was a good try.
- ・You must be very tired after P.E. ［music / math ...］ class.
- ・Maybe ～さん can help you.　Why don't you ask her / him?

⑤教師が例を示す

- ・OK, I'll go first. / I'll give you an example. / In my case ...
- ・I'll tell you my story. / Let me tell you my story.

3. ライティング

　ライティング活動にはさまざまなものがありますが，ここではサマリーラ

イティングと，クリエイティブライティングの活動例をそれぞれ紹介します。

(1) サマリーライティング

　文章を要約するには，書く力と同時に読解力が必要です。理解し，自分なりに消化したことを，ムダのない文章で表すのです。要約のテーマを工夫することで，読解力，表現力，文法の確認にもなりますし，語彙の増強も期待できます。段階を踏んだ課題を設定しましょう。ここでは，検定教科書からの文章を使った，サマリーライティングの活動例と指導のポイントを紹介します。教科書は，前出のリテリングと同じです（pp.120–121 参照）。

①穴埋め

サマリーライティングの第一歩として，既に要約されている文章に空所を設け，語句を書き入れさせる活動があります。内容理解と語句の確認ができます。第一段階の例１では，第１パラグラフのオリジナルの文のまま使い，書き入れる語数を指定します。

例 1) The Earth is often called "The ① [　　] [　　]." Over 70 percent of its ② [　　] is covered with water.　Almost all of the water, however, is ③ [　　] and only 0.01 percent of it is good for ④ [　　].　About 900,000,000 people, one eighth of the ⑤ [　　] [　　], has no safe water to drink.　If there were no safe water at all, we ⑥ [　　] [　　] live.

① water planet ② surface ③ seawater ④ drinking ⑤ world population ⑥ could not

　例２は分量を短くしたものに，語数制限をせずに書き入れさせるものですが，概ね同じ答えが予想されます。

例 2) Much of the surface of the Earth ①＿＿＿＿＿＿＿＿.　However, as ②＿＿＿＿＿＿＿＿ is seawater, we can drink only 0.01% of it.　Safe water is necessary for us to live, but ③＿＿＿＿＿＿＿＿ can't drink safer water.

① is covered with water ② almost all of it ③ one eighth of the world population

　提示するテキストの分量に加えて，語群や単語指定の有無，教科書参照の可否，語数制限の有無などで負荷を調整できます。生徒たちの成長に合わせて徐々に負荷をあげていくと，飽きずに続けられます。なお，細かいことで

すが，プリントを作成する場合は，書き込むスペースを十分に取りましょう。事前に教師がやってみて戸惑うことなくできるかどうか実際に書き込んで確認しましょう。その際，別解も考えておくことをすすめます。

②内容と文法の両方を工夫する

　穴埋め活動から少し難易度をあげた活動です。文の始めだけ設定し，その後は内容と文法の両方に気をつけて作文します。

例3） Over 70% ①_____, but we can drink only 0.01% of it because ②_____.　Safe water is necessary for us to live, but ③_____ safer water.

① of the Earth is covered with water ② almost all of it is seawater ③ one eighth of the world population cannot drink（have）

　別解が考えられる場合は回収して教師が目を通したいものです。その際，語句の選択や文の構成など視点を決めて生徒の書いたものを記録に取っておくと，全体で共有できます。

③行数指定

　指定した分量で簡潔にまとめる練習です。分量が少ないほど内容を厳選するため，難しくなります。例4では「テキスト全体を5行でまとめよ」とします。ここで必要になるのは情報を厳選する力です。何度もテキストを読んで残す部分を選び，細かな事例を削除し，自然な流れになるように編集して簡潔にまとめます。pp.120–121のテキスト（168語）を5行で要約した例です。

例4） Although the Earth is covered with water, we can drink only 0.01% of it.　Many people in the world cannot have safe water.　Even in developed countries, water shortages are a big problem.　Wealthy countries are expected to tackle this water conservation issue by improving water supply systems and solving climate problems.

④表現の書き換え

　行数指定をさらに発展したもので，「教科書と異なる表現を用いて5行でまとめよ」と言う課題です。情報を厳選し，表現を変えて個性的な文章を目

指します。1 年生の教科書を用いていますが，かなり難易度の高い課題です。

例 5） As most of the water on the Earth is seawater, we can't drink it. Only 0.01% of the water on the Earth is good for us.　One out of eight people cannot have safe water, which is a serious problem.　Population growth and climate problems are causing water shortages.　Developed countries are expected to settle this issue.

⑤評価と振り返り

　目標によってサマリーライティングの課題の内容が変わります。評価を出す場合，できるだけ評価基準を事前に知らせましょう。例 1 であれば，テキストの内容を正しい綴りで書いて再生することです。例 3 になると，正しい文を書くための文法の知識を使えることです。最も難しい例 5 では，語彙や表現を各自で工夫しながらも，もとのテキストの内容と齟齬がないように書くことです。

　生徒たちがこの課題に取り組んだ後，必要なフィードバックは何でしょうか。動詞の時制などの文法を直して返却しても，残念ながら大半の生徒はじっくり確認しません。この課題を活かすために，お互いが書いたものを読み合って共有する機会を設けましょう。相互の相違から学ぶものがあります。正解がない課題こそ，複数の文章に触れて気づくことがあります。読み合わせの際は，例えば前述のサマリー課題例 3 以降であれば，1 ～ 2 文のコメントを書いて戻すと複数のフィードバックがもらえます。教師が数点選びクラス全体へ紹介した中から，優れている点を一緒に考えさせても良いでしょう（実物投影で映す，スライドにする，プリントで配るなど，方法は状況に応じて）。書かせっぱなしにせずに自ら振り返り，相互に共有する時間が重要です。なお，ここでも，教師が事前にサマリーを数パターン書き，難易度や工夫できる箇所を把握しておくと，授業で紹介する作品を選びやすくなります。

(2) クリエイティブライティング

　テーマに基づいて，各自で自由に書く活動です。ここで紹介するのは，テキストを読んだ後に内容に関して書く活動と，文法や構文を学んだ後に書く活動の二つです。以下，扱う文章の種類別のライティング活動を紹介します。

①伝記やエッセイ

　感じたことを率直に書かせたい場合，形式が決まっているほうが書きやすいでしょう。ここでは，筆者に充てて手紙を書こう，という課題を紹介します。筆者へ語りかける口調で書くのですが，細かな条件を設定することで難易度を調整することが可能です。例えば，「教科書から２箇所以上引用してそれに対する感想や質問を添えよう」「譲歩の表現を入れて遠慮がちに反論してみよう」「質問の形態で悩みを打ち明けよう」などのテーマを与えます。書く分量は生徒たちの様子と，テキストの分量，授業で使える時間を鑑みて設定しましょう。筆者がご存命ならば，出版社経由などで生徒の作品を送って読んでいただくのも大きな励みになります。

②説明文・論説文

　科学，環境，歴史，伝統文化など，高校の教科書で扱われるテキストの多くが説明文に入ります。内容に応じて柔軟に課題を設定しましょう。提示された論題に対し，賛否の立場を明確にして考えを書くものが最も馴染みのある課題でしょう。大学入試でも頻出の形式です。論理の構築や語彙の選択，事例の提示などポイントはさまざまあります。生徒の書いた賛成・反対の意見を集約し，ぜひ共有しましょう。

　環境問題など，データや問題点だけが提示され，具体的な解決策のない社会問題を扱う教科書もあります。実際のところ，どうしたら良いのか，何かできることがあるのか，自由な発想で解決策を書かせてみましょう。例として，高校３年生の「コミュニケーション英語Ⅲ」の授業で生徒が書いたものを紹介します。各国が競って宇宙開発に取り組む一方で，増え続ける人工衛星やロケットの破片等の宇宙ゴミの問題を扱いました（*PRO-VISION English Communication III*（桐原書店，平成 26 年文部科学省検定済）Lesson 5 Cleaning Up the Trash in Space）。この教科書の内容を踏まえ，「あなたの考える解決策を示せ」という課題を出しました。実際の授業で生徒たちが書いた文章と，それを読んだ生徒たちからのコメントを紹介します。英文は修正していません。

A　I think we should melt space debris with strong acid because most space debris is metal.　In the textbook, the suggestion that satellites with expanding foam is offered, but it takes too long to finish up .... If we substitute strong acid for foam, the metal that forms space debris is immediately oxidized and ionized, which means it is melted away. ［このアイディアすごい / その強酸を宇宙まで運ぶ容器は何？ / 溶けた物体は宇宙空間で危険では？］

B　I don't know what is the problem of space debris.　It is true that the junk may hit the International Space Station, but it does not matter.　It is impossible to solve the mystery of space.　So we should stop research about space. ... it would be better to think today's dinner than think about space debris. ［宇宙問題に興味なくて困ったけどこういう切り口か！と良い学びになった / Dinner のくだり最高！ / でも, 夕食で食べた牛肉は GPS 使ってトラックで運んだかもよ？］

C　I think that the space debris issue can be solved only by clearing them up forcibly by a brave country.　It is true that no nation has the legal right to launch a mass clean up of space, but no action makes nothing. What is really true is that we cannot continue our life without dealing with this problem ... We have to make action immediately. ［同じ形式の繰り返しが面白い / 強調がいい / immediately って, 早くできるなら苦労しないよね？］

③物語文

　物語ですので，ライティング活動も想像力を働かせて書きたいものです。続編や後日談など話の続きを書く活動や，物語の主人公や気になった登場人物へ向けて手紙を書くのも良いでしょう。幅広く課題を設定し，想像することを楽しみましょう。

④文法の練習

　文法の演習が中心の授業の場合でも，自由なライティングは可能です。以下，3 つの文法事項にもとづく活動例を示します。

1) 動名詞で［自分の幸せ］を定義：“Happiness is _____.”

　動名詞を使って下線部に自分なりの定義を書きます。*Peanuts* の作者である Charles Schulz の *Happiness is a Warm Puppy* という本から着想を得た活動です。実際の授業では，

Happiness is <u>sleeping in my warm bed all day</u>.

Happiness is <u>talking with my friends over some snacks</u>.

などと書いていました。幅広い表現や発想を楽しめます。

2) 仮定法で［叶わぬ夢］を告白："I wish I ＿＿＿＿＿＿＿."

　この文を完成させ，さらに 1～2 文の説明を追加します。

I wish my house were nearer the school. I want to sleep longer.

I wish I were tall.　My younger brother is taller than me!

読まれることを意識し，ユーモラスな文も書くようになりました。

3) 関係代名詞の非制限用法を用いて身近な人を紹介：

"My ＿＿＿＿＿＿, who ＿＿＿＿＿＿, ＿＿＿＿＿＿."

　この文で，家族や友人を，エピソードを含めて紹介します。

My grandmother, who is 72 years old, climbed Mt. Fuji last summer.

My friend, Mr. H, who often sleeps in class, always gets good grades on tests.

　非制限用法を的確に使って表現できている生徒がいる一方で，My father, who is taller than me, works for a computer company. というような文を書く生徒も複数いました。", who" 以下の追加情報に脈絡がなく，関係詞が十分に活かせていません。全体に紹介されるクラスメイトの文と自分の文を比べて自然と違いに気づくことができれば，さらに理解を深められます。

⑤振り返りと評価

　生徒たちが書いた文章をすべて読んでフィードバックをするのは教師にとって大変な労力です。一方で，書く力は繰り返し行うことでしか伸びません。教師にとって負担が大きすぎない方法を模索するべきです。設定した課題（例えば「引用する」）をクリアしているかのみを見る，文法ミスは主なものだけ下線を引き，訂正は自分で考えさせるなど，限定した指摘も有効です。前向きなコメントを 1～2 文書くだけでも，生徒たちは喜んでくれるでしょう。

　各活動の紹介で，生徒同士で共有することの意義を繰り返し述べました。自分の文章に書いてもらったコメントをさまざまな表情で夢中になって読む様子を見ると，生徒たちが各自で学びを得ていることを感じます。自分の文章がスクリーンに映し出され，クラスメートから良い点を紹介してもらった

ときの満足げな表情は，高校 3 年でもとても可愛らしいものです。教師とは全く違う感性で多様なアドバイスをしている場面を見ると，生徒同士でしかできない学びがあることを痛感します。生徒が多種多様に書いた後は，赤ペンで誤りを訂正するだけでなく，建設的なフィードバックを得られる機会になるよう意識しましょう。複数の目に触れることを意識して書くと，生徒たちに明らかな上達が見て取れます。全体での振り返りから得たヒントを使ってみると，さらに洗練された文章を書くようになります。評価を成績算出のためだけと捉えず，生徒の豊かな学びに繋がるよう有機的に機能させたいものです。ライティング活動は，課題内容の決定から全体で振り返るまでを統括的に考えて設定しましょう。

(3) まとめ

　ライティングは，英語力のみならず，論理的に考える力を養うことのできる活動です。じっくり反芻して考えをまとめられ，時には辞書を用いながらより適切な表現を工夫して用いることができます。さらに，ここまで繰り返し紹介してきたように，お互いの文章を多く読むことで読解力がつき，視野を広げることにも繋がります。生徒たちの発達段階と興味関心を十分に鑑みて，扱う題材とリンクさせながら，生徒たちそれぞれに学びがあるライティング活動を工夫しましょう。

Ⅷ　Consolidation

1．授業のまとめ方

　　ここまでで，1時間の授業で行うべき事柄がすべて紹介されてきました。そして，次は最後のまとめになります。英語の授業ではさまざまなことを行っていますので，一旦学習者の頭を整理させて，1時間の授業を振り返り，ここで何を学んだかを全体で確認します。そして，次の授業への準備を促すことが「まとめ」の目的です。したがって，次の授業への前段階として，家庭学習の指示もここで行われます。

(1) 明示的に言葉で確認
　　授業内容の確認の方法はさまざまです。単純に，教師が「本日は〜を学びました」というだけの場合もあれば，生徒に尋ねて言わせるということもできます。また，その際，黒板には導入された例文が残っているはずですので，それらに触れながら確認することもできます。

(2) 振り返りシート
　　「振り返りシート」のようなものを用意して，そこに本時の授業の内容を記述させたり，自己の理解度を評価させたりすることもできます。しかし，毎時間これを行うと，時間数の多い英語の時間では，だんだんと生徒は記入に飽きてしまったり，形式化してしまう可能性も否めません。また，1回の記入に何分もかかってしまうようですと，毎時間，5分間は英語学習に使用できる時間を削ってしまうことにもなりかねません。そのため，大きなパフォーマンスの発表を行わせた時や，1つの単元が終了した時等に限ることも可能です。

(3) 英語を実際に使って確認
　　(1)のように言葉だけでの確認は，実際に学習した英語を生徒が本当に理解できているかはわかりません。そのため，本時に出てきた新出の英語を実際に再度使って，その理解度を確認する方法もあります。以下は，中学校

における文法事項の確認例としてのやり取りです。

T：今日は，自分のことではなく，友達のことについて話をする時に使う動詞のことを勉強しました。動詞の like や play の最後に何がつくんだっけ？

S：エス

T：そうだね。発音は？

S：/laiks/ /pleiz/

T：That's right, so I like soccer.　Takeshi, do you like soccer?

Y：Yes, I do.

T：So, everyone, Takeshi …

S：Takeshi likes soccer.

T：Yes, that's right.　Everyone, say again.

（4）書かせて確認

　上記（3）での口頭のやり取りの後に，「それでは，先ほど皆さんが紹介した友達のことを書き留めてみましょう。」と指示すると，5．ライティング（1）（p.115 参照）の内容とほぼ同じことを，タスクの直後ではなく，授業の最後に行うことになります。タスクの内容や，その後の授業の内容によっては，このような指導の順序も考えられます。特に，音声中心で授業を進めて，書くことは最後にしたいと考える場合にはおすすめです。

（5）まとめにおける留意点

　授業は学習内容や生徒の反応によって計画通りに進まず，時間切れになることは多々あります。その際には，それを予測して，少なくともチャイムが鳴る1分前には，この続きをどうすべきか，次回はどうなるのか等をしっかりと指示します。チャイムが鳴っても強引に授業を続けることは，生徒の休み時間を奪うことになり，おすすめできません。そもそもチャイムと同時に，生徒の集中力は切れてしまっています。覚悟を決めて，終了します。

2．宿題・家庭学習の指示

　家庭学習は本時の授業と次の授業とをつなぐもので，教室内で時間をかけ

るより，個人のペースで行わせた方がよいものが主に設定されます。

(1) 復習として

　復習とは，本時に学習した事柄を自分のペースで振り返らせるものです。主な復習として以下のようなものが考えられます。

①音読練習

　可能であれば，教科書付属の音源を生徒に与えて，その音源をモデルとして音読の練習をさせます。その音源がなくても，一度は読む練習をする習慣をつけさせておくと，本当に自分の力で音読ができるかの確認をさせることができます。

②教科書本文の書写

　中学1年生の最初の6カ月ぐらいは，書くことを丁寧に指導する必要があります。当然，最初のうちは授業中に教科書本文をノートに書く練習をさせた方がいいのですが，慣れてきたら，家庭学習として位置付けます。また，授業内に穴埋め音読（Cloze Reading）（p.102 参照）のワークシートを見ながら，全文を書かせるということもできます。また，書かせたものを次の時間に小テスト等を用いてチェックをすれば，家庭学習が適切に行われていたかを確認して，学習者のモチベーションを保てます。

③次の時間の発表に備えた練習

　発表活動（pp.107–111 参照）は，授業内に準備をさせた後，その時間内ではなく，次の授業の冒頭，復習として行わせることもあります。その際には，家庭学習としてその練習をさせて，発表に十分に備えさせるということができます。

④ワークブックや教科書の練習問題

　中学校では文法事項の定着のために，ワークブック等を行わせることは多いと思いますが，それを授業中に行ってしまうと，時間もかかりますし，教室でしか行えない英語での音声のやり取りの時間が奪われてしまいます。本来は，各自のペースで行わせたいものです。まずは家庭学習として行わせ，

次の時間に解答を渡して答え合わせをさせ，質問を受けたり，共通の誤りを
全体で確認したりします。さらに，まったくできていない生徒は後に個別指
導を行うこととします。

(2) 予習

　中学校においては，基本的な文法事項を毎回少しずつ学習していく必要が
あり，「教科書を予習して本文の内容を確認しておきなさい」というような
指示をすることができません。音声も文字も，日本語とは大きく異なる言語
ですから，復習に重点をおきます。しかし，高校では，自分の力で読み進め
ることも可能にはなっていきます。その際，問題になるのは新出の語彙です。
辞書指導が済んでいる場合には，それも兼ねて読むことを予習として課して
いきます。その場合には，Oral Introduction の内容も多少変える必要があ
ります。すでに内容をある程度知っていることになりますから，すべてを教
師から説明していくのではなく，生徒に内容についても聞きながら確認とし
て話を進めることになります。この方法は，中学校でも新出の文法事項がな
いテキストであれば可能です。

(3) 授業以外の教材に触れる

　EFL の環境にある日本での英語学習者は，英語に触れる機会が極めて限
られています。そのため，授業時間以外で，しかも，授業内容に直接関係し
ていないものでも英語に触れさせるということは，広い意味では家庭学習と
なります。たとえば，テレビやラジオの英語講座を聴取させたり，多読をさ
せたりということです。これらは，時々，授業で関連したことを取り上げて，
継続していこうという気持ちを維持することにより，中学，高校と積み重ね
ていくと，大きなインプットとなります。

【第 2 章参考文献】

Ⅵ　Reading Aloud

土屋澄男（2007）『英語コミュニケーションの基礎を作る音読指導』研究社

Ⅶ –（2）　Activities（高校編）

矢田理世（2016）「児童・生徒との即興的な受け答えに必要な表現③高校で
　　のインタラクション」『英語教育 2016 年 10 月増刊号』大修館書店 pp.20-
　　21.

矢田理世（2018）「即興性を高める英語の「やり取り」を指導する」『英語
　　教育 2019 年 1 月号』大修館書店 pp.24-27.

コラム2　新しい指導観

1．CLIL（内容言語統合型学習）とは

　CLIL とは，Content and Language Integrated Learning のことで，「内容言語統合型学習」と呼ばれます。「言語」と同等に「内容」を重視し，授業では「内容」について思考を深め，自分の考えを発表します。その意味では，「英語を学ぶ」授業ではなく，「英語で学ぶ」授業を目指しています。

2．CLIL の 4 つの C

　CLIL の理念を示す枠組みとして，次の「4 つの C」というものがよく使われます。「4 つの C」の統合が良質な CLIL の授業の要件となります。「内容」さえ重視していれば CLIL であるというわけではありません。

(1) Content（内容）
　CLIL では「内容」を重視するため，学びがいのあるアカデミックな内容が望ましく，多くの場合，それらは他教科の学習内容と重なります。それらの知識を学ぶことが Content にあたります。

(2) Communication（言語）
　Language という言い方と同義で，目標とする言語の学習を指します。語彙・発音・文法など言語面の学習の全てが含まれます。「内容」と「言語」が統合することにより，「英語の授業は英語で」が可能となります。

(3) Cognition（思考）
　CLIL では「内容」について考え，意見を述べることを重視します。既習の内容を説明することや要約することがゴールではなく，意見のやり取りを求めます。

142

(4) Community ／ Culture（協学）

　CLIL では他者とのやり取りを重視します。授業場面では，ペアワークやグループワークを行うことを指し，広い意味では異文化理解や国際意識を念頭に，多様な他者との意見の交換により思考を深めます。

3. CLIL の授業設計

　授業の設計にあたっては，次のような設計図を使用すれば，必要な内容を満たしているかの点検が容易です。

Content 教科知識	Communication 言語知識	Cognition 低次思考力	Culture 協同学習
食品廃棄 food waste food loss	環境関連語彙	理解	ペア・グループ クラス
Content 汎用知識	Communication 言語技能	Cognition 高次思考力	Culture 国際意識
回転寿司店と 消費者の意識 消費者の行動	読む・聞く ノートテイキング ディスカッション	分析 評価	諸外国の 回転寿司店

（表は池田，他（2016）により筆者が作成）

　例えば，題材内容が「回転寿司店における食品廃棄」だとすると，授業の出発点となる教科知識は「フードロス」であり，授業のゴールをその汎用知識として，消費者の意識や行動について考えることとします。言語面では，トピックに関連した英語表現を学習し，4技能を統合した活動を行います。思考に関しては，理解・分析・評価といった異なるレベルのタスクに取り組みます。協同学習としては，「ペア」「グループ」「クラス全体」での意見交換を行い，日本のみならず世界にも目を向けます。

4. CLIL の指導手順

　Oral Method などの指導手順と大きな差異はありませんので，とりわけ新しいものではありません。現在実践されている指導技術がそのまま通用します。

(1) Activating（Pre-task）

　題材内容に関して，生徒の知識や経験や思考を活性化します。Oral Introduction を行ったり，動画を見せたりします。

(2) Input（Presentation task）

　新教材の提示を，リスニング（含，映像視聴）やリーディングによるインプットと理解を促すタスクにより行います。題材内容に関する語彙などの言語面での指導も行います。

(3) Thinking（Processing task）

　インプットにより理解した題材内容を，思考を要するタスクにより，他の生徒と共同でさらに処理を進め，自分の考えをまとめます。

(4) Output（Production task）

　授業のまとめとして，スピーキングやライティングにより自分の考えを発表します。

5．ジグソー法

　協働学習は，生徒同士のやり取りを通して生徒が共同学習を行う授業形態です。ここではその一例としてジグソー法を紹介します。左図中の生徒 A，B，C はそれぞれ同じ情報を持っています。その生徒たちを右図のようにグループを組み換えることにより，A，B，C の生徒が持つ異なる情報がジグソーパズルのピースのように統合され生徒の思考が促進されるという仕組みです。

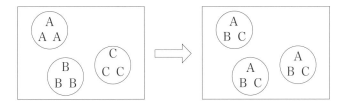

（図は三宅，他（2016）により筆者が作成）

6. ジグソー法の指導手順

　ジグソー法の授業においても，授業の出発点は何らかの教科知識であり，授業のゴールとして生徒に求めるのは，その汎用能力です。この点は CLIL の授業設計と同様です。

(1) 教師が課題を提示する

　教師が本時の課題を示します。必要な背景知識を補ったり，生徒の既有知識を活性化するために Oral Introduction を行うこともあります。

(2) 生徒が最初のグループで A, B, C のいずれかの資料を読む

　本時の教材のインプットです。生徒は本時の課題に関連した異なる情報のピースを得ます。限られた時間内に一定の分量の文章を読み，概要を理解することが求められます。

(3) 生徒が次のグループに移動し本時の課題に取り組む

　生徒は，最初のグループから 3 つの異なる情報のピースを持ち寄り，それらを活用して本時の課題に自分たちなりの解を出します。情報を共有するために，自分が読んだ資料について，お互いにストーリーリテリングをし合うことになりますが，一斉授業で行われるリテリングとは異なり，聞き手の生徒はストーリーの内容を知らないので，情報を伝える必要性が存在し，自然な言語使用の場面となります。

(4) 生徒が課題の解をスピーキングやライティングで発表する

　一方的な発表で終わらせずに，聞き手からの質問やコメントに発表者が答えるなど，双方向のやり取りを行いたいものです。最初の発表は Prepared speech ですが，その後の応答により，即興のやり取りまで経験させたいものです。

7. アクティブラーニングの指導上の留意点

　生徒が意見を言えるようになるためには，普段から「意見を言う」練習や

経験が必要です。普段の授業でも，意見のやり取りを含んだオーラル・ワークを行いましょう。また，活動はさせているが，指導はなく，「やらせっ放し」という授業にならないよう注意することが大切です。生徒の発表に対しては，内容面と言語面の両方での適切なフィードバックをしたいものです。

【参考文献】

池田真，渡部良典，和泉伸一（2016）『CLIL 内容言語統合型学習　上智大学外国語教育の新たなる挑戦　第 3 巻　授業と教材』上智大学出版
三宅なほみ，東京大学 CoREF，河合塾（編著）（2016）『協調学習とは　対話を通して理解を深めるアクティブラーニング型授業』北大路書房

Take a break：算数・数学の英語表現

addition（足し算）→ sum（和）

$3 + 2 = 5$ Three and two is［are］five.

Three plus two equals［is equal to］five.

subtraction（引き算）→ remainder（差）

$3 - 1 = 2$ One from three is［are］five.

Three minus one equals［is equal to］two.

multiplication（掛け算）→ product（積）

$4 \times 2 = 8$ Four twos are eight.

Four times two is［makes］eight.

Four multiplied by two is eight.

division（割り算）→ quotient（商），remainder（余り）

$6 \div 3 = 2$ Six divided by three equals two.

Six over three equals two.

$7 \div 2 = 3 \cdots 1$ Seven divided by two equals three with a remainder of 1.

Seven over two equals three with a remainder of one.

powers and roots（累乗と根）

$6^2 = 36$ Six squared is equal to thirty-six.

$2^3 = 8$ Two cubed is equal to eight.

$3^4 = 81$ Three to the fourth (power) is equal to eighty-one.(4乗以上)

$\sqrt{36} = 6$ The square root of thirty-six is equal to six.

$\sqrt[3]{8} = 2$ The cubic root of eight is equal to two.

$\sqrt[4]{81} = 3$ The fourth root of eighty-one is equal to three.(4乗根以上)

fractions（分数）→ numerator（分子），denominator（分母）

$\frac{1}{2}$, 1/2   one half / a half

$\frac{1}{3}$, 1/3   one third $\frac{2}{3}$, 2/3   two thirds

$\frac{1}{4}$, 1/4   a quarter / one fourth $\frac{3}{4}$, 3/4   three quarters / three fourths

・mixed fraction（帯分数） $5\frac{2}{3}$ five and two thirds

・improper fraction（仮分数） $\frac{5}{3}$, 5/3   five over three

第3章

さまざまな場面での指導技術

　第1章，第2章では，授業の流れに沿って骨格となる手順を示してきましたが，ここでは，授業のさまざまな場面で必要となる指導技術について論じます。

Ⅰ　Qs & As（Q&A）

　授業の中で，教師と生徒とのやり取りは非常に重要です。まして，ことばを扱う英語の授業ではなおさらのことです。ここでは，Qs & As を行う場面を取り上げて論じます。

1．発問のしかた

　まず，英語の授業ではよく行われる，内容理解を確認するための発問について取り上げます。英語を通して理解を確認する活動です。
　発問は，まず基本的にクラス全体に対して行います。教師の発問に対して，生徒全員に注意を向けさせ，それから個人を指名する，という流れです。初めに個人を特定してしまうと，他の生徒は「自分に関係ない」と思い，そのあとの発問に耳を傾けなくなってしまいます。なお，発問の内容により，発問と指名の間にある程度の間をとる場合と，素早く指名するほうがよい場合

とがあります。教師が適切に判断します。

　また，英語による質問だからと言って，必ず機械的に2回繰り返すことを決まりのようにしている教師もいますが，ことばの自然さを考えれば，基本は1回です。状況に応じて繰り返す必要があれば繰り返します。

　生徒に答えを求める場合，質問のパターンは以下の3通りです。

　　①Yes-no 疑問文（一般疑問）

　　　例：Did John buy a T-shirt?

　　②Or 疑問文（選択疑問）

　　　例：Did John buy a T-shirt or a jacket?

　　③Wh- 疑問文（特殊疑問）

　　　例：What did John buy?

　下に行くほど，難易度は上がり，状況に応じて使い分けることにより，教師の側で難易度の調整が可能になります。

2.　生徒の反応と対処法

　当然のことながら，教師の質問に対して，指名した生徒が常にスムーズに答えてくれるわけではありません。上記③のパターンで質問したら答えが出なかった場合，難易度を下げて，②のパターンで言い換えをします。それでも難しければ，①のパターンに，というのが発問の原則です。③のパターンで質問する場合，必要に応じて②や①のパターンにスムーズに切り替えられるように，教師はあらかじめ準備して授業に臨みます。①のパターンでも答えが出なかった場合，最後は Yes. と答えれば正解となるように仕組んでおく，という裏技もあります。生徒には何らかの形で達成感を与えましょう。

　教師の発問に対して，指名された生徒が黙ってしまったり，誤答を返してきた場合は，簡単に切り捨てずに，ヒントを与えるとか，近くの生徒に相談させるとかして，何とか正答に導くようにします。すぐに他の生徒に振るというのは避けたいものです。場合によっては，他の生徒に答えてもらった後で，改めて当該の生徒に同じように答えてもらう，といったことも必要でしょう。「先生に見捨てられた」という印象を生徒に与えないようにしたいものです。

　また，生徒が理解していないようだから，と言って安易に日本語に切り替

えてしまうのは，英語による発問の意味が失われてしまいます。最後の手段として，部分的に多少の日本語を交えるのは現実的な対処法ですが，活動本来の趣旨を見失わないようにします。

　また，正答であっても，生徒が単語のみで答える場合もよくあります。それに対しては，発問のねらいにより対応が異なります。理解していることを確認するのが主眼であれば，それで OK ですが，きちんと文の形で答えることが重要であれば，文の形で言い直させます。

　正答に対しては，"Good." "That's right."など，褒め言葉を必ず返します。ワンパターンにならないように，褒め言葉も何種類か用意しておきます。

3．コミュニケーションとしての Qs & As（Q&A）

　上に述べた例は，教師が正答を知っている場合のやり取りです。これは教室の中での特殊なやり取りと言えます。日常の実際の会話では知らないことを尋ねるのが普通ですから，英語の授業の中でも，そのような Qs & As を取り入れたいものです。Warm-up や Oral Introduction の中でも，自然なやり取りは可能ですから，できるだけ取り入れるようにします。生徒自身のこと，例えば，好み，体験，持っている知識などについて尋ねるのです。ちなみに，このようなやり取りでは，特定の生徒に何か尋ねたい場合には当然指名が先になります。

II　指名

1. 指名の目的

　授業中の個人指名は，各生徒の理解度をチェックし，授業への集中・参加度を高めるために行われます。教師は授業中，さまざまな場面で生徒に問いかけを行います。その際，発問の内容によっては，生徒のうちの誰かが自発的に答えるのを待つ場合もあります。また，"Any volunteers?"と挙手を求め，手を挙げた生徒の中から指名することもあります。中学校の入門期では，一般に生徒は活発に反応してくれますが，学年が上がるにつれて，生徒からの自発的な反応が減少する傾向が見られます。

　生徒が主体的に反応してくれるのが最も望ましいように思われますが，それでは，どうしても授業中に発言する生徒に偏りが生じてしまいます。教室では，生徒全員を，万遍なく能動的に授業に参加させたいものです。そこで，生徒の挙手なしで教師の側から指名する必要が生じてきます。

2. 指名の基本

　指名の際はどんな場合も，生徒の名前を呼びましょう。生徒の顔と名前をできるだけ早く覚えるのは，教科にかかわらず，教師の基本中の基本です。「次の人」「その後ろの人」といった呼び方は，だれが指名されているのか不明確で，そのために授業がスムーズに流れなくなりますし，生徒に対しても失礼でしょう。

　名前の呼び方は，教師各人の自由です。生徒との人間関係にもよるでしょうし，学校で呼び方が決められていることもあるかもしれません。日常的に姓の呼び捨てなら，英語の時間もそれで問題ありません。○○君，○○さんでももちろんかまいませんし，○○ちゃんとかニックネームで呼ぶのも，自然であれば構わないと思います。ただ，英語の時間だからと言って，Mr. / Ms. ... のように呼ぶのは，中学生・高校生に対してはかえって不自然です。英語の時間には英語名をつけて呼ぶ，というのも一つの工夫です。日本語の発音が英語に入ることで，英語のリズムが崩れるのを防ぐ意味合いもありま

す。

3. 指名の方法

　一般に，「指名は無作為に」（つまり，次に誰が指名されるかわからないように）と言われます。座席順であったり，名簿順であったりすると，次に指名される生徒が明らかになり，とりあえず自分は関係ない，と思う生徒ができ，授業に集中しなくなるから，というのがその理由のようです。確かにそういう傾向はないとは言えません。しかし，指名のねらいのひとつは，生徒全員を授業に参加させることです。1時間のうち数名しか指名されないような授業ではなく，全員が，できれば複数回指名されるような授業展開を考えましょう。英語の授業では決して難しいことではありません。教師の質問に答えるだけでなく，例えば，単語の発音練習でも，Chorus Reading で全体練習した後，数名の生徒を個人指名して発音させるのに，いくらも時間はかかりません。新出語がいくつかあれば，あっという間にかなり多くの生徒を指名することができます。このようなドリルなどの機械的な指名は，むしろ座席順のほうが効率的と言えます。単語の発音練習以外にも，授業中の教師からの発問はさまざまあるはずですから，生徒全員が指名されるのはさして難しいことではありません。ですから，指名の順序はあまり問題ではない，というのが基本的な考え方です。その意味では，座席順に指名するのが一般的に最もスムーズです。その際，縦に順番に指名するより，横並びの順に指名するほうをお勧めします。教師の視線が，否応なくクラス全体に向けられるからです。

　機械的な指名があまり望ましくないと思える場合は，生徒にはわかりにくい指名の順番を教師なりに決めておく方法があります。例えば桂馬跳びに（「横に1列，後ろに2人分」あるいは「横に2列，後ろに1人分」ずらして）指名するなどです。また，指名の回数を記録するため，指名のたびに名簿にチェックをする，という方法をとる教師もいますが，1時間の授業で全員が何回も指名されるのであれば，あまり意味はなさそうです。名簿にチェックする時間が無駄になりかねません。指名はスムーズに，というのが非常に大事な要素です。誰を指名するか教師が迷っているのでは時間の無駄でしかありません。

　発問の難易度によって，適切な生徒を選んで指名する，という考え方もあります。これも一長一短で，難しめの質問が出ると，これは自分に関係ない，と思う生徒が生じる可能性があります。あえて難しめの質問を英語が苦手な生徒にふって，ヒントを出しながら正解に導く，といった工夫も時には必要です。

III　指示の出し方（日本語・英語）

　授業の中では，生徒にさまざまな指示を出す必要が生じます。教師が心がけるべき基本は次の2点に集約できます。

1. 指示はわかりやすく簡潔に

　言うまでもないことですが，だらだらと長い指示は，生徒にもかえってわかりにくく，集中して聞いてもらえません。したがって，それに続く活動もうまくいかないのは当然でしょう。そもそも，長い指示や説明が必要な活動は，活動そのものを考え直す必要がありそうです。活動をゲーム化しようとして，いろいろな要素を詰め込み，教師が長々とルールを説明する，といった場面を目にすることがあります。これは活動そのものが不適切と言えます。

2. 指示を出すときは，指示に集中させる

　生徒が他の作業や活動をしている最中に，指示を出しても徹底しません。生徒が活動を始めてしまってから，言い落したことや，指示が不十分だったことに気が付いて，補足説明が必要になる場合があります。その際は，いったん生徒の活動をやめさせ，教師に注目させてから指示を出す必要があります。生徒は「活動しながらかつ指示もきちんと聞く」ということはできません。One thing at a time. の原則です。

(1) 英語による指示
　いわゆる「教室英語」（付録1 pp.226-232 参照）と関連します。「英語の授業は英語で」が原則です。さまざまな授業中の指示もすべて英語で伝えられれば理想的です。よく用いられる簡潔な指示は，入門期からどんどん英語で取り入れましょう。たとえば，"Listen carefully.""Read after me."のような簡単な指示は，それほど生徒の負担になりません。年度初めに，約束事として基本的な指示の英語は教えておく，という方法もあります。ただし，「何でもかんでも英語で」と，あまり無理はしないことです。指示は生

徒に理解されることが最重要で，教師が英語を使うことが第一というわけではありません。

　英語による指示で時々目にするのが，英語で指示をした後，教師自身がすぐに日本語を付け足してしまう場面です。「Listen carefully. はい，よく聞いてね。」のような指示では，生徒は英語に注意を払いません。そのあとの日本語を聞けば済むわけですから。これでは，せっかくの英語による指示もただのお飾りになってしまいます。英語のみでは不安な場合は，日本語で指示をしてから，それを英語で繰り返す，というやり方を試してみることをお勧めします。そして，適当な時期に英語だけに切り替えるのです。

(2) 日本語による指示

　当然のことながら，日本語による指示が必要な場面も生じます。日本語を使うことをためらう必要はありません。ただし，英語の授業ですから，日本語は最低限に，という心がけは必要です。日ごろから，英語と日本語のバランスを考え，徐々に英語で指示する部分を増やしていくとよいと思います。

Ⅳ　机間指導

1.「机間指導」とは

　「机間指導」「机間巡視」「机間支援」等，さまざまな呼称があります。教師が授業中に，教室の中を歩き回って，生徒の活動を観察したり，生徒にアドバイスを与えたりする指導を指します。

2.　教師の立ち位置

　日本の中学・高校のクラスサイズは，基本的に 40 人です。一人の教師が教室の前に立って，クラス全体を十分に観察することはなかなか困難です。場合によっては，生徒の間に入っていくことが必要になります。しかし，いつも生徒の間に立っている，あるいは教室をうろうろ動き回ればよいわけではありません。

　クラス全体を対象に授業進めているとき，例えば，Oral Introduction やExplanation, Model Reading などでは，クラス全体に対して働きかける必要があります。そのためには，教師から生徒全員が見渡せる位置，また，どの生徒からも教師が見える位置に立つ必要があります。したがって，基本的な立ち位置は教室の前です。全体に対して説明や指示をしているときに，教師が教室の中ほどに立っていたのでは，前のほうの座席の生徒は，教師の顔が見えず落ち着きませんし，教師の声も聞きにくくなります。教師からも前半分の生徒は視野に入らないことになります。

　一方，生徒が主体の個人活動（例えば Buzz Reading やノートテイキングなど）やペアワーク，グループワークなどをしている場合には，教師は積極的に教室の中を歩き，個々の生徒の活動を観察し，必要に応じて声かけやアドバイスなどの支援することが必要になります。

　一般に，教師が生徒の中に入っていくことは好ましいことと考えられていますが，活動の形態や目的に応じて，教師の適切な立ち位置や動きを考えることが重要です。

V　発音指導

1.　発音指導の重要性

　ひとことで「発音指導」といってもその指導項目は多岐にわたります。ひとつひとつの音（特に /æ/, /θ/, /ð/, /f/, /v/, /r/, /l/, 語末の /n/ など）から，伝えたいニュアンスを込めて 1 つの文を正しい抑揚（声の上がり下がり＝イントネーション）で読むことまで，さまざまなレベルの指導が必要となります。

　コミュニケーションが大切だと言われ，音声によるコミュニケーションの指導も広く行われるようになってきましたが，残念ながら発音指導が適切に行われているとは言えません。けれども，発音は音声によるコミュニケーションの基本中の基本です。いかに適切な語を選び，文法的に間違いのない文を発しても，その発音がひどければ，極端に言えば，コミュニケーションが成立しないということになるからです。

2.　モデルとすべき発音

　外国語として英語を学習する日本語話者にとって，モデルとすべき発音は英国で標準的とされるものでしょうか，米国のそれでしょうか。あるいはまた，オーストラリアの発音でしょうか，それともインドのそれでしょうか。

　World Englishes という複数形があるように，英語には地域差が認められます。それぞれが尊重されるべきですが，生徒たちに確実に身につけさせなくてはならないのは，英語の音素体系です。簡略化して言えば，その音を間違えると別の意味の語になる，あるいは，英語には存在しない語になる，そういう音の違いは，確実に習得させなくてはならないということです。

　pan なら「フライパン」ですが，ban なら「禁止する」ですから，/p/ と /b/ は区別して発音できるようにしなければなりません。また pun と言えば「ダジャレ」になりますから，/æ/ の音と /ʌ/ の音の区別もできなくてはなりません。thin は「薄い」，sin は「罪」，shin は「脛（すね）」ですから，/θ/ と /s/ と /ʃ/ の音を区別する必要もあります。read は「読む」，lead は

「導く」ですから，/r/ と /l/ の区別も必要です。

　ともすると，World Englishes を「逆手に」とって，「大切なのは話す内容。日本語訛りのある英語を堂々と話せばよい。/θ/ と /s/ など区別しなくても文脈から理解してもらえる」といった考えを述べる人もいます。しかし，それではコミュニケーションに差し障りが生じる（言ったのに伝わらない，理解するのに手間取る）のは間違いありません。私たちが指導する生徒たちは，区別して発音できるようになる力を備えているのですから，それを引き出して身につけさせるのが私たち英語教師の役目です。

　何よりも，たとえば r と l を区別して発音でき，聞き分けられる生徒はread（あるいは lead）という語を聞いたときには，それが「読む」か「導く」かで迷うこともありません。そして，区別して発音できる生徒は，「読む」を lead，「導く」を read と書き間違えてしまうこともないのです。

　ただ，先に述べたように，発音はさまざまな側面から成り立っています。少しずつこつこつと，そして，しつこく丁寧に指導していくことが肝要です。授業の流れの中で言えば，Reading Aloud のところで主に指導することになります。場合によっては，Activities のところで，内容に集中する余り疎かになりがちな発音について，補足的に注意を促すこともあるでしょう。

3. 語の指導

　肺からの呼気が，咽喉・舌・歯・唇などで大きく邪魔されずにスムーズに出てくる音を「母音」と言い，それ以外を「子音」と言います。英語には次のような音素（/ / 内に表記）がありますので，確認しておきましょう。記号の隣の< >内に添えたのは，その音を表す最も典型的な文字・綴りです。ここでは標準的とされる米音を例に説明します（竹林他（2013）『改訂新版初級英語音声学』大修館書店，宮井他（2017）『グランドセンチュリー英和辞典　第 4 版』三省堂を参考にしました）。

　なお，ここでは指導者向けに発音記号を使っていますが，教室での使用は控えます。生徒は発音記号を「漢字に添えられたふりがな」と同じ働きをするものと解釈してしまい，単語の綴りと発音の関係に目を向けなくなってしまうという弊害があるからです。また，発音記号を知ることと通じる発音が身に付くこととはまったく別物であることを明確に認識しておく必要があり

ます。

短母音

/ɪ/ <i> hit　　　　/ɛ/ <e, ea> set, head　　　　/æ/ <a> bad

/ɑ/ <o> pot　　　　/ʌ/ <u> cut　　　　　　　　/ʊ/ <oo> foot

長母音

/iː/ <e, ee, e[]e, ea, ie> he, tree, eve, seat, field

/ɒː/ <au, aw> taught, law　　　　　/uː/ <oo> food

/ɚː/ <er, ir, ur> term, firm, church

二重母音 （1 つ目の記号で表される音から始まり，2 つ目の記号に近づいて終る音）

/eɪ/ <ai, ay, a[]e> rain, play, gate　/aɪ/ <ie, i[]e> pie, bite

/ɔɪ/ <oi, oy> coin, boy　　　　　　/aʊ/ <ou, ow> out, how

/oʊ/ <oa, oe, o[]e, ow> road, toe, home, snow

/ɪɚ/ <ear, eer> hear, beer　　　　/ɛɚ/ <are, air> care, pair

/ɑɚ/ <ar> park　　　　　　　　　/ɔɚ/ <or, ore> sport, more

/ʊɚ/ <oor> poor

弱母音

/i/ <y, ie, ey> happy, cookie, valley　　/ɪ/ <i, e> habit, pocket

/ə/ <a, e, o, u, ou> sofa, silent, lemon, circus, famous

/ɚ/ <ar, er, ir, or, ur> grammar, seller, confirmation, doctor, surprise

子音

/p/ <p> pen　　　　/b/ <b> bag　　/t/ <t> ten　　　　/d/ <d> dam

/k/ <k, ck> kick　　/g/ <g> gas　　/f/ <f, ph> fan, photo　/v/ <v> vest

/θ/ <th> think　　　/ð/ <th> this　/s/ <s, c> sit, cent

/z/ <z, s> zoo, easy　/ʃ/ <sh> shop　/ʒ/ <s> measure　　/h/ <h> hat

/tʃ/ <ch, tch> chat, catch　　　/dʒ/ <j, dge, g> judge, giant

/m/ <m> mat　　　　/n/ <n> net　　/ŋ/ <ng> long

/j/ <y> yet　　　　/w/ <w> wet　　/r/ <r> red　　　　/l/ <l> let

(1) 語（1 音節）

　語の発音をする際，子音であれば 1．発音指導の重要性（p.156）で示した /θ/, /ð/, /f/, /v/, /r/, /l/, 語末の /n/, 母音であれば /æ/ の音には最大

の注意を払って指導したいものです。その際に大切なのは，発音方法を正しく伝えることです。「舌先を噛む」とか「下唇を噛む」といった説明は，間違っているだけでなく，痛い，面倒くさい，あるいは，変な顔になる，という理由で生徒から拒絶される可能性があります。たとえば次のような説明をしてみてはどうでしょうか。

/θ/：舌の先端で上の前歯の一番下を探してみて！　探せたら軽く触らせたままで息を出して！

/ð/：/θ/ と同じままで声を出して！

/f/：下唇の内側の一番上のほうを，上の前歯の一番下に軽く触らせてみて！そのまま息を出して！

/v/：/f/ と同じままで声を出して！

/r/：舌先を少し上げて，その上と左右にすきまがあるように，口の中についたてを作ってみて！そのまま声を出して！

/l/：舌先を上の前歯の内側の付け根に（できれば下のほうから，突き立てるように）くっつけて！　そのままで声を出して！

/n/：舌先を上の前歯の内側の付け根にくっつけておいて「んー」と声を出して！

　/n/ について補足します。日本語では，語末にある「ン」の音を発音するとき，舌先はどこにも触っていません。そのため，日本語の発音の習慣のまま in an hour を言うと，英語の音とは似ても似つかない［インアンアウア］になってしまいます。ところが英語では，<n> の文字はいつでも舌先を上の前歯の付け根に付けて発音します。そのように <n> を発音する習慣が身に付いていれば［イナナウア］のようになりますし，耳にした［オナベンチ］が on a bench であることも即座に理解できるようになります。また，once が［ワンツ］のように聞こえることがあるのも，そのせいです。

　母音については，/æ/ を正確に発音して /ʌ/（日本語の「ア」で代用可能）と区別することが重要です。「エア」を繰り返し言いながら「エ」をだんだん弱めていくとうまく言えるようになるでしょう。

　個々の音の正確さに加えて，語の発音の指導で重要なのは，子音の連続です。日本語にはない音のつながりであるため，spring が日本語に入ると /supuriŋgu/ のように，もともとの英語にはない母音が入ってしまいます。これを防ぐには，「書き足し法」（pp.170–171 参照）を活用します。発音し

やすい順に文字を書き足していく方法で，たとえば次のように板書します。

　　　ing /ɪŋ/ → ring /rɪŋ/ → pring /prɪŋ/ → spring /sprɪŋ/

不思議なことにこれだけのことで母音が入るのを防げます。

/supuriŋgu/ のように発音している生徒は，supuringu のように書いてしまいがちです。正しい発音をすれば，通じやすくなるだけでなく，綴りも覚えやすくなるということまで伝えられます。

(2) 語（2 音節以上）

　英単語の発音の特徴として，1 つの語の中に母音部分が 2 つ以上あるとき，つまり 2 音節以上の語では，1 箇所を残してあとは弱くなる，という現象があります。たとえば，import です。動詞なら im が弱くなります。「弱化」と呼びますが，2 音節以上の語の発音指導では，この現象を身につけさせることが非常に重要です。少し詳しく言うと，弱化とは「（文字・綴りで表されている本来の音を）弱く短く（口の辺りの筋肉を使わないように）脱力して発音する」ということです。言い換えれば，あらゆる意味で省エネ発音をする，ということになります。important なら，im と ant が弱化すべき部分です。ant を普通に読めば「蟻」と同音の /ænt/ となってしまいますが，その /æ/ を弱く短く脱力して発音するわけです（発音表記は /ənt/ となります）。

　一般には「port」にアクセントを置いて読むように指導されるところです。が，むしろ弱い音の存在のほうが英語の発音の特徴と捉えれば，その指導こそが生徒の発音を英語らしくする秘訣といえます。上の 3 語の音量を黒丸の大きさで模式的に表してみると次のようになります。

port（●）　　　　import（・●）　　　　important（・●・）

　port, import, important の port の部分の声の大きさが同じであることを確認してください。important は，決して（●●●）ではありません

　日本語では，どの音も同じ強さ，同じ長さで発音しますから，「弱化」の習得は非常に難しいものです。ですから，毎時間，その日に練習する単語を教科書から選んで，「弱く短く脱力して」発音する練習を根気強く続けるのが肝要です。「弱化」を体得できれば，当然，聞き取りにも資することになります。

　なお，（●）つまり，普通の音量で読む部分は「弱化の反作用」というわ

けではありませんが，比較的「ゆっくりていねいに」読むようにすると，さ
らに英語らしく響きます。

4. 句

　語を2つ以上続けて読む場合，1つ目の語の末尾の子音と2つ目の語の最
初の母音がつながったように聞こえることがあります。get up が「ゲット・
アップ」と聞こえずに「ゲッタップ」，make it が「メイク・イット」でな
く「メイキット」のように聞こえるのがその例です。聞き取りの際，新しい
語かと思ってテキストを見てびっくりしたり，「なーんだ」とがっかりした
りする「音連続」です。けれども，これは決して特別なことが英語の発音に
起きているわけではありません。難しいと感じるとすれば，ふだん /getto
appu/, /meiku itto/ のような発音をしているせいかもしれません。とりわけ
英語が苦手な生徒であれば，「たとえ /getto appu/ であっても言ってくれた
ことを評価したい」と思いがちですが，その温情がかえってアダになってい
るかもしれません。個々の語を正しい発音でさせ，それを滑らかにつなげる
ように指導しましょう。

　また，破裂音 /p, t, k, b, d, g/，また，破裂音と破擦音 /tʃ, dʒ/ が語中や語末
で連続する場合，自然な早さの話し方では，最初のほうの破裂音は「言った
だけの時間を取るだけで，実際には発音しない」という現象も起きます。で
すから，進んだ段階では，実際にそのような発音を練習をさせるとよいで
しょう。また，聞き取らせて，聞こえない音を復元させてもよいでしょう。

　具体的には，次のようなものです。網かけ部分が該当します。

> scrap paper, hot tea, good doctor, big game;
> web page, sit down, background, log cabin;
> cheap ticket, cab driver, notebook, rugby;
> picture, hot chocolate, subject, bad joke.

　なお，2つの音が合体して，別の音になることがあります。「同化」と呼
ばれますが，ある程度以上のスピードにならなければ生じない現象です。あ
る段階までは「聞きとれるようにするが言えなくてもよい」という判断が
あってもよいかもしれません。

> She'll miss you.　　/s+j/ → /ʃ/「ミシュー」のように

She loves you.	/z+j/ → /ʒ/	「ラヴジュー」のように
I want you.	/t+j/ → /tʃ/	「ウォンチュー」のように
I need you.	/d+j/ → /dʒ/	「ヌィーヂュー」のように

5. 文

(1) 文アクセントの原則

　文の中に入ると，語は「品詞」によって，普通の音量で言うか，弱く短く脱力して言うかが原則的に決まります。

- （●）で言う：名詞，動詞，形容詞，副詞，疑問詞など
- （・）で言う：be 動詞，助動詞，冠詞，前置詞，接続詞，人称代名詞，
  関係詞など

　下の学年では，本文の母音部分に●や・を添えたテキストを用意して音読練習させます。大切なのはここでも（・）のついている部分を「弱く短く脱力して」発音させることです。

I went to the park to play tennis yesterday.
・　　●　・　・　●　　・　●　　●　・　●　・　・

　学年が上がって，語の品詞がわかる生徒には，英文の母音部分に○を添えたテキストを用意しておきます。その○の中に・を書き込んだり○を塗りつぶさせたりして，英文を聞く前に自力で正しい文アクセントをつけて読む練習をさせることができます。

I went to the park to play tennis yesterday.
○　　○　　○　○　○　　○　○　　○○　○　○

　文を読むときに大切なのは，●と●の間が時間的にほぼ等間隔で読まれる傾向がみられる，ということです。必ず常に起こるというわけではありませんが，この練習に適した例文を用意しておき，教師が拍子を取りながらそれに合わせて読む練習も行なうとよいでしょう。

(2) 文アクセントの例外（対比など）（・のはずが●に）

　Were my glasses on the box or in the box?　という文では，on や in は前置詞ですから（・）で読むはずです。ところがここでは「箱の上にあったか，中にあったか」を確認しているので，on と in がしっかり相手に聞こ

えるように（●）で言う必要があります。また，Did you say "report" or "deport"?　のような場合でも，単独で発音すれば，report も deport も（・●）ですが，ここでは（●・）のように言わなくてはなりません。このように，意味を考え，適切なアクセントを教える指導も必要となります。

6. イントネーション（ニュアンスを伝える）

原則的に，意味のまとまり（節や文など）の最後の（●）のところで声の高さが変化します。極めて簡略化して言えば「言いたいことはそこで終わりです」というニュアンスを表すのに（＼），「まだ終っていませんよ」あるいは「あなたの答えをもらって完結します」という場合に（／）で言います。この指導も忘れてはなりません。

7. 発音指導の重点の置き方

以上，述べたように，発音指導にはさまざまな側面があります。次のようにまとめ直すこともできるでしょう。

①弱く短く脱力して発音する音を意識した文アクセントを重視する。【英語独特のリズムを体感する】

②イントネーションを添える。【英語の音の高低で作られる「音楽性」を体感する】

③日本語にない音，日本語では区別しない音に焦点を当てる。【音素を意識し，通じる発音を身につける】

発音指導には，このどれも欠くことができません。この 3 点を常に意識しながら指導したいものです。

VI　単語の導入

1．単語の意味の提示

　第I章でも述べたように，新出単語の導入は，Oral Introduction という「文脈」の中で行なうのが原則です。

　なぜ「文脈」が大切なのでしょうか。教室外での実際の言語使用の場面で考えてみます。日本語であれ英語であれ，未知語に出会う際には必ず「文脈」があります。会話であれば音声として，読み物であれば文字として未知語に出会い，文脈を頼りにその意味を類推します。もちろん，「今言った○○って，どんな意味？」と直接尋ねたり，すぐに辞書で調べてみることもありますが，流れを中断したくないと思えば，類推した意味で仮の解釈をしておいて，そのまま会話や読書を続けながら，類推した意味を修正していきます。

　Oral Introduction の中での新出単語の導入は，現実生活の中での未知語の遭遇とパラレルと言えるでしょう。生徒は英語を聞き続け，意味を類推し続けるという知的な活動をしています。

　これと対極にあるのは単語カードによる新出語の導入です。カードの表に書かれた英単語を見て発音練習をし，裏にある日本語（訳語）を見る，というものです。実生活では起こりえないこの“活動”の間に生徒の頭の中で起こっていることはどんなものか考えてみてください。

　さて，第1章III 3．(2) 意味内容提示のバリエーション（pp.12–13 参照）で説明したように，大原則は5つです。ここでは，それを細分化した10通りの方法を紹介します。語の意味に応じて，あるいは，教室の環境に合わせて，学習段階に応じて，最適なものを選んで使うようにします。

(1) 実物による提示

　教師室内に持ち込めるものであれば，実物がよいでしょう。たとえば，green pepper を導入したい場合を想定します。単純にこの語だけを導入したい場合なら，ピーマンを1つ手に持って，What is this?　と尋ねます。生徒が「ピーマン」と答えたところで，うなずきながら，A green pepper.

と言います。そのあと，Repeat after me, "a green pepper." と言って生徒に繰り返させたあと，綴りを示します（綴りの見せ方は後述します）。学年によっては，生徒が「ピーマン」と答えたあと，次のように続けることも可能です。

　T：Yes.　This is (called) "piiman" in Japanese, but it is (called) a
　　　green pepper in English.　OK?　Repeat, "a green pepper."
　C：A green pepper.

　実物を提示する利点は，大きさや色・形が一目でわかるだけでなく，生徒の手元に持っていけば匂いが，また，生徒に持たせてみれば手触りや重さがわかることです。とりわけ生徒に馴染みのないものである場合には大変効果的です。具体物の意味を理解するには，五感で捉えることが大切なのです。rugby ball ひとつとってみても，絵で済ませるのとは大違いです。可能な限り，現物を調達したいものです。

(2) 模型による提示

　実物のメリットはあるものの，教室内に運び込めないものもたくさんあります。その際には，もし入手可能であれば，三次元で理解できる利点から模型を利用します。注意しなくてはならないのは，実際の大きさを明確に伝えることです。図鑑などで，キリンとライオンが同じくらいの大きさで隣合わせに描かれていることがありますが，誤解を招くこうした提示は避けなくてはなりません。

(3) 絵・写真による提示

　大きすぎたり遠隔地にあったりして教室に運び込めないものもあります。その際には，絵や写真を利用します。また，実物を持ち込むことが可能でも小さすぎてよく見えない物の場合には，拡大した絵や写真を活用します。元になる絵や写真はネット上で容易に探すことができますから，その語を導入するのにもっともわかりやすいものを選び，必要があれば，トリミングして使用します。ここでも，縮尺を示すことが重要です。

　なお，「わかりやすいもの」とは，言い換えれば「誤解しにくいもの」です。例えば，zoo を導入したいのに，カバ舎の写真を見せてしまうと，生徒によっては zoo とは「カバ」，あるいは「檻（おり）」のことだと勘違いす

るかもしれません。さまざまな動物がいることがわかる俯瞰図を使う必要があるでしょう。

　また，volcano を導入する際には，いくつかの火山の絵を見せることで，意味を「一般化」させることも大切です。1つの火山の写真だけを使うと，その山の名前と勘違いすることがありえるからです。

　絵や写真を使う際に，もうひとつ注意したいことがあります。それは，「詳細であればあるほど良い，という訳ではない」ということです。たとえば，gym を導入したい場合，生徒が活動中の放課後の体育館内部の写真を使うのは適切ではありません。というのも，バレーボールや卓球をしている生徒がいる一方，床に座ってストレッチしている生徒がいたり，壁際でおしゃべりしている生徒もいたりして，gym という語が何を示しているのか一目でわからないからです。むしろ，壁に時計があり，バスケットボールのゴールや跳び箱とマットが描かれた程度の俯瞰のイラストのほうが明確に伝わります（gym が建物を表す語であることを考えると，人の姿も必要ないでしょう）。さらに言えば，多色であればあるほど，また精密であればあるほど，生徒は何に注目してよいかわからなくなります。味気なく思えるかもしれませんが，生徒に見せる絵は，一般的には，夾雑物を極力排除した白黒の線画がよいと言えます。

（4）動作による提示

　例えば walking, standing, running といった，教師が実演しやすく，目で見てすぐに理解できそうな動詞（の ing 形）を導入したい場合，次のようにして提示することができます。

　　T：（黒板の前を歩きながら）What am I doing?　I am walking.（立ち止まって）Am I walking?　No.　I am not walking.　I am standing.（駆け足のまねをしながら）Am I standing?　No.　I am not standing.　Am I walking again?　No.　I am not walking.　I am running.

　このあと，もう一度同じ動作と言葉を繰り返しながら，出てくる都度，walking, standing, running を生徒に繰り返させます。

　この3つの語を，絵を使って導入するのはどうでしょうか。「歩いている最中，立っているところ，走っている最中」を見せたつもりでも，絵では動

きを見せられないために，生徒はそれぞれを「走る，立つ，走る」という動作の種類として誤解してしまう可能性があります。ところが，上のような導入なら，その誤解を防ぐことができるはずです。

　なお，上の例のように，not walking → standing, not standing ／ not walking → running のような対比を活用して導入すると，類推を助けることができ，生徒はあまり悩まずに，より速く正しい意味に近づくことができます。

（5）動画による提示

　教師のよる実演が難しい語を導入するのに有効です。たとえば，動物がする「芸当」という意味の trick は，何枚かの絵・写真を使えば導入できなくはありませんが，動画のほうがわかりやすいですし，誤解もないでしょう。

　また，生徒になじみが少ないスポーツ（たとえば cricket）なども，「野球に似たスポーツ」と説明してよしとするのではなく，動画なら「投手」の投げ方，守備位置や守備の方法，「走塁」のしかた，得点の方法など，絵や写真ではわかりにくい，野球との違いが一目瞭然です（もちろん，試合の一場面だけを見せただけでは正確には理解できませんから，Oral Introduction とは別の場面で，ルールなどに関して，日本語による説明を補足するとよいでしょう）。

（6）類義語による提示（言い換え）

　既習の語の類義語である場合には，既習の語を活用して「それと似た意味の語である」ことを伝えることができます。spicy が既習で，hot が「辛い」の意味で初出した場合などです。

　T：Yumi went to an Indian restaurant yesterday.　What did she eat?　Can you guess?　She ate curry and nan.　Was the curry hot?　I mean, was it spicy?　Yes.　It was hot.　It was spicy.

　このように，初出の意味の hot のあと，既出の spicy に言い換えをして意味を伝えることができます。「熱い」と誤解しないよう，スプーンで一口すくって食べるまねをしたあと，しばらくしてからじわじわと辛さが伝わってきたという表情をすること，また，hot と spicy を同じ表情で言うことも，意味を推測する助けとなります。

語を語で言い換えをするだけとは限りません。語より大きい単位（句や文）で言い換えをすることもできます。famous が新出語の場合を例に挙げます。

T：Hiroshi is a baker.　He makes good bread and cakes.　So his bakery is very famous.　Many people in the town know about his shop.　His bakery is famous.　Repeat, "famous."

C：Famous.

(7) 反意語による提示

(4) 動作による提示（p.166–167）で触れたように，意味を理解させる Contrast を活用するのはとても効果的で効率的です。その点からすれば，反意語を利用するのは当然といえば当然の方法と言えます。dishonest を導入する場面の例です（honest は既習とします）。

T：George cut down the cherry tree in the garden.　When he was asked by his father if he had cut it down, did he say "yes"?

C：No.

T：Right.　He didn't say, "I'm sorry I cut down the tree." So was he honest?

C：No, he wasn't.

T：Right.　He wasn't honest.　He was dishonest.　Dishonest.

C：Dishonest.

T：George was dishonest.

C：George was dishonest.

(8) 列挙・例示による提示

新出語にあてはまるものを列挙することで意味を帰納的に類推させることができます。時には反例も示して Contrast させることで理解を助けます。traditional を導入する例です。

T：（湯豆腐の写真を見せて）This is *yudofu*, right?　Is it a traditional Japanese dish?　Yes.　It is a traditional Japanese dish.（てんぷらうどんの写真を見せて）How about this?　Is it a traditional Japanese dish?　Yes.（スパゲッティの写真を見せて）Is this a traditional Japanese dish too?

C：No.　It is not a traditional Japanese dish.（麻婆豆腐の写真を見せて）…

　もちろん，これだけでは「食べ物にしか使えない」という誤解を招く可能性もありますから，建物や服装などにも応用することで意味の一般化を図るとよいでしょう。

(9) 定義による提示

　新出語の意味を，英語で説明することもできます。たとえば thirsty を提示する場合です。英語で説明すると言っても，辞書にある定義をそのまま使って，"Thirsty" means "feeling that you want or need a drink." と言うのではありません。次のような導入が想定できます。

T：It was a hot summer day.　Jane played tennis outside for a long time.　How did she feel?（のどが乾いている表情で）She wanted to drink some water.　Her mouth was dry.　She was thirsty.　Okay?　Thirsty.

C：Thirsty.

T：Jane was thirsty.

C：Jane was thirsty.

(10) 訳語による提示

　とりわけ抽象的な意味を表す語で，日本語との意味のズレが少ない語に関しては，訳語を添えるだけで済ませることもできます。あえて英語で説明しようとすると，その説明が長くなりすぎて Oral Introduction の話の流れが切れてしまったり，時に，説明のほうが難解になってしまって，生徒の集中力が削がれることがあるからです。

　たとえば，biology を提示する場合，英英辞典から定義を引っぱってきて，the scientific study of the life and structure of plants and animals や the scientific study of living things と言い換えをするよりは「生物（学）」と日本語の訳語を添えたほうが，正確な理解につながりますし，Oral Introduction の流れを壊すこともありません。

　もし，教室に時間割が貼り出されていれば，「生物」の授業の枠を指し示

すだけでもよいでしょう。

2. 綴りの提示法（書き足し法）

　以上のような方法で，文脈の中で音を通して意味を理解させた語ですが，その綴りを見せる必要が当然あります。それには，「綴りと発音の関係」（フォニックスの規則）を意識させる「書き足し法」を使うのがお勧めです。これにより，耳で聞いた新出語の音と文字・綴りを結びつけることができ，綴りを記憶する負担が減るからです。また，その副産物として，綴りを覚えるために，（/r/ と /l/, /s/ と /θ/ の区別など）正確な発音を身につけようとする意識も生まれます。

　この「書き足し法」の原則は次のとおりです（「母」は母音字・母音綴り，「子」は子音字・子音綴りを表します）。

(1) 母音字 a, e, i, o, u が短音 /æ/, /ɛ/, /ɪ/, /ɑ/, /ʌ/ の場合
　 母＋子 から始めて，後ろにまだ子音字・綴りがあれば，それを書き足し，その後，手前の母音字・綴りを書き足す。

A) hit: it ⇒ hit, back: ack ⇒ back, chop: op ⇒ chop

B) end: en ⇒ end, act: ac ⇒ act.

C) jump: um ⇒ ump ⇒ jump, pinch: in ⇒ inch ⇒ pinch.

D) glad: ad ⇒ lad ⇒ glad, bridge ⇒ idge ⇒ ridge ⇒ bridge.

E) stand: an ⇒ and ⇒ tand ⇒ stand, print: in ⇒ int ⇒ rint ⇒ print.

(2) 母音が短音でない場合
　 母 から始める。あとは（1）と同じ。

A) no: o ⇒ no, she: e ⇒ she, hi: i ⇒ hi.

B) see: ee ⇒ see, pie: ie ⇒ pie, toe: oe ⇒ toe.

C) make: a[]e ⇒ ake ⇒ make, eve: e[]e ⇒ eve, shine: i[]e ⇒ ine ⇒ shine, home: o[]e ⇒ ome ⇒ home, cute: u[]e ⇒ ute ⇒ cute.

D) boy: oy ⇒ boy, play: ay ⇒ lay ⇒ play, loud: ou ⇒ oud ⇒ loud, ground: ou ⇒ oun ⇒ ound ⇒ round ⇒ ground

E) term: er ⇒ erm ⇒ term, sport: or ⇒ ort ⇒ port ⇒ sport

（3）2音節以上の語

　上の原則に基づいて音節ごとに区切って示した後，弱音節の音は「弱く短く脱力して」発音するよう指導して，語全体を読ませます。

never: <ev ⇒ n̲ev>+<er>, fever: <e ⇒ f̲e>+<er ⇒ v̲er>,

famous: <a ⇒ f̲a>+<ou ⇒ ous̲ ⇒ mous>.

VII　テスト・評価

1. テストと評価は何のために行うか

　英語教師の仕事は生徒に英語の力をつけることです。そのためにテストをして生徒を評価することはありますが，それで終わってはいけません。テストと評価の目的は，次の2点です。

①生徒に対するフィードバック
　生徒が自分の学習を振り返り，何ができるようになったのか，あるいは何がまだ不十分で，どうすればできるようになるのかを知る。
②教師自身へのフィードバック
　教師が指導を振り返り，生徒の到達度が思わしくない場合には，やり直したり方法を変えたりして，できるようになるまで指導する。
　つまりテストとその結果は，その後の指導に活かして，生徒の英語力の向上に役立ってこそ意味を持ちます。「指導と評価の一体化」が大切と言われる所以です。この章では，音声中心で進める授業に関連した小テストと評価について考えます。生徒をランクづけするのではなく，生徒の状況をどのように把握して指導に活かすかに焦点を当てます。

2. 評価の方法と留意点

(1) 授業中にその場で行う指導と評価
　生徒とやり取りしながらすすめる音声中心の授業では，教師の発問や指導が，ある意味すべて「テスト」の役割を果たします。例えば Oral Introduction の最中に，教師は生徒の表情や反応から理解度を判断しながら進めます。発問に答えられなければ易しい言い方に変え，選択肢を与えるなどの軌道修正を行います。生徒が英語をリピートしたり，音読をする場面では，その場で OK を出すか，やり直しや修正を行います。生身の生徒に対して face to face で教師がその場で与えるコメントは，他の何よりも即効性があり，「指導」と直結した理想的な「評価」だと言えます。

　教師の評価は "Good." などの短いコメントで十分です。長いと授業のリズムが崩れます。OK を出せない場合には，どこを直せばよいのかを具体的に指示し，再度繰り返させます。英語がうまく答えられない生徒がいても置き去りにせず，一度近くの生徒を指名したあとに，再度その生徒にチャンスを与え，全員がついてこられるよう配慮します。生徒のつまずきの原因や各生徒の特性を把握することは，教師にとって欠かせない技能です。

　音声面だけでなく，言えるようになったことをノートやハンドアウトに書かせた場合は，その書いたもののチェックも必要です。言えても正しく書けるとは限りません。その場で机間指導して確認します。

(2) 授業のあとで行う小テストによる評価

　授業中に生徒との Interaction によって理解度を把握できるのであれば，あとは年に数回の「定期テスト」さえやればよいと思われるかもしれません。しかし，普段の授業の中にぜひ「小テスト」を取り入れたいものです。小テストによって次のような効果が期待できます。

①「何が大切か」を生徒に伝えることができる

　テストの内容や形式を伝えることにより，例えば「この文は暗唱する」「この単語は書けるようにする」といった大切なポイントや目標が生徒にも伝わります。

②授業への取り組みの向上が期待できる

　授業で学習したことを，ただちに小テストに反映させることにより，生徒は授業にもより前向きに取り組むようになります。

③復習や家庭学習の習慣化につながる

　授業で学習した内容を「定着」させるには，家庭での復習が不可欠です。こまめに小テストを行うことで，生徒も日々の復習・家庭学習をこまめに行うようになります。小テストに備えて授業前に教科書やノートを開く生徒も増えるはずです。

④オーラルワーク中心の授業を強化することができる

　言えるようになった英語は，最終的には正しく書けるようになるまで指導しなくてはなりません。しかし，書く活動には時間がかかり，個人差も大きく，授業だけでは時間が不足しがちです。書かせる小テストを行うことによって，家庭学習として「書くこと」を奨励し，定着度を高めることができます。「何をどう勉強してよいのかわからない」という生徒の不安に応えることにもなります。もちろん「話す」テストを課せば，音声面を強化することもできます。

⑤達成感を与え，自信を持たせることができる

　出題範囲や分量が限られており，努力すれば満点が取れるため，生徒にとって取り組みやすくなります。

3．小テストをいつ行うか

　小テストは，１時間の授業の中でいつ行うのがよいでしょうか。最も適切なのは，次時の最初の Review の段階でしょう。小テストに向けて，生徒が事前に準備してくることに意味があります。既習事項を確認したのちに，新しい内容に進むのが理想です。

　テストの形式が oral test ではなく written test の場合，オーラルワーク中心の授業の流れが，小テストによって一端途切れることになりますが，それはやむを得ません。書いたものを音読，暗唱するなどして，次の段階のOral Introduction にうまく結びつくように工夫します。授業の流れも大切ですが，それだけを重視して書く小テストを実施しないというのは考えものです。

　また，家庭学習を前提とせず，授業の最後の段階の Consolidation で行う小テストもあります。その場合は，まさに本時の指導内容の定着をただちに確認するために行うことになります。ここで行った小テストの出来が悪ければ，教師自身の反省材料ともなります。

4．小テスト実施上の留意点

(1) 短時間で終える

　Review に当てる時間の目安は Warm-up と合わせても 10 分程度です。したがって，小テストだけにかける時間は，用紙の配付・回収を含めても 5 分程度が妥当でしょう。また，小テストを実施する前に，全体での復習を行うことは生徒にとって親切ですが，あまり丁寧にやりすぎるとその後の授業時間が不足します。

(2) こまめに行う

　1 回のテスト時間は短くする代わりに，回数を多くこまめに実施し，小テストに慣れさせます。慣れると生徒も手際がよくなり，短時間でできるようになります。教師にとっては，毎時間の授業の流れを作ることができ，生徒にとっても，家庭学習の習慣形成につながります。

(3) 内容はシンプルに，分量は少なめにする

　短時間で終わるテストをこまめに実施していくためには，テスト内容をシンプルにし，分量も少なめにします。小テストをたまにしか実施せず，一度に欲張ってまとめてテストを行うのは望ましくありません。

(4) 何種類かのテストを使い分ける

　毎回同じ形式のテストでなく，数種類のパターンを目的に応じて使い分け，生徒の学習がワンパターンになるのを防ぎます。「穴埋め」ばかりだと「穴埋め」しかできない生徒になってしまいます。さまざまな課題に対応できる力をつけさせたいものです。

(5) 生徒には，内容と形式を予告しておく

　小テストでは，生徒に復習・準備してきてもらうことが重要です。したがって，前時に復習させたいポイントを明示し，「何をどう勉強してくればよいか」を明らかにします。「この文を暗記して書けるように」と，内容をずばり伝える場合もあれば，「このページから書き取りを 2 文出します」というように範囲を指定する場合もあります。また，難しい固有名詞の綴りは

除外するなど「やらなくてよいこと」の指示も必要です。

(6) 必ず教師がチェックし，結果をすぐにフィードバックする

　音声テストの場合はその場で評価し指導します。written test の場合は教師が採点し，当日か翌日には生徒に返却します。学習効果の点からも素早くフィードバックするのが肝心です。そのためには採点も簡単なテストでなければなりません。多くの生徒に共通する間違いはクラス全体に指導し，必要ならば新たな課題を与えます。

(7) 小テストへの取り組みを，大きなテストにも反映させる

　小テストは，それ自体が目的ではなく，それに向けて取り組むことによって英語の力をつけていくことを目指すものです。生徒にそのことを実感させるために，中間テストや期末テストに，小テストと同一の問題や類題を組み込むのも 1 つの方法です。小テストに対する生徒の意欲も高まり，結果として英語の力を伸ばすことにつながります。

5. 何をテストするか

　オーラルワークを通じてインプットした英語が定着したかどうかを見るには，その英語を言わせたり書かせたりしてアウトプットさせるのが最も適しています。True-False Test や記号を選ぶ客観問題では，どこをどう間違ったのかが判断しづらく，小テストには適しません。

　テスト内容は，前時（または本時）に学習した事項のうち，生徒に最も復習・練習させたいものを厳選して決めます。文法事項を重視するのであれば，キーセンテンス，覚えさせたい表現や単語，語句が中心になります。できれば単語レベルよりも，文レベルの方が望ましいでしょう。ストーリー中心の授業では，短時間で全員にストーリー全体をアウトプットさせるのは難しいので，復習は小テスト以外の方法（例えば，口頭による Q&A やリテリングなど）で行い，その中で覚えさせたい文を 1 つ 2 つ取り上げてテストするのが現実的です。

　いずれにしても，テスト内容を決めるにあたって次のことに留意しましょう。「1 時間の授業の流れを勘案して，これを乱さないだけの短さと，確認

しなければならない事項を最小限必要十分に調査できるだけの分量との両面から同時に考えられなければならない。」（小川他（1982）『英語教授法辞典新版』三省堂）

6．テストの種類・形式

　テストしたい内容をどのような形式でテストするかは，目的によって異なります。ここでは，上で述べたように，オーラルワーク中心の授業によってインプットした英語を，アウトプットさせて定着度を測ることを前提とします。

　アウトプットの方法には，口頭による場合（音声系のテスト）と，書かせる場合（文字系のテスト）とがあります。音声系のテストは「言える（＋読める）ようになったかどうか」をテストしたい場合に行い，文字系のテストは「言える（＋読める）ようになったことが，書けるようになったかどうか」を見るときに行います。生徒全員を対象に短時間で終わらせることを考えると，一人ずつ行う音声系のテストよりも，一斉に行う文字系のテストの方が実施は容易です。ただし，音声系のテストも1人10秒程度のものであれば実施可能です。

（1）音声系の小テスト

　音声系の小テストは，1人ずつ個別に行うため，授業の最初のReviewの段階で行うと後の授業の流れに支障をきたす恐れがあります。したがって，十分に一斉指導したあと，終わりのConsolidationの段階で，5分程度の時間を確保して行うのがよいでしょう。1人にかかる時間が10秒以内のものに限ります。効率よく行うには，教師の前に1列に並ばせるか，生徒のところに教師が行くことにします。判定は合格か不合格のどちらかです。合格しなかった生徒は，また最後尾に並んで再挑戦できるようにします。終わった生徒には，他の生徒の補助や相手役をつとめるよう指示しておきます。多少授業が騒々しくなりますが，それは生徒が一生懸命練習している証拠です。この方法は「グルグル・メソッド」（静哲人（2009）『英語教育の心・技・体』研究社）と呼ばれています。以下，具体的なテスト内容の例をいくつか挙げます。

①**発音**：単語，句，文どれでもよいので，ポイントを決めて生徒の発音を
チェックします。例えば right と light の r と l，She sells seashells by the
seashore. の s と sh など。
②**音読・暗唱**：本時に学習した教科書の一部を音読または暗唱させます。
③ **Q&A または Listen & Talk**：本時に学習した表現を用いて教師の英語に
反応できるかどうかを見ます。例えば，教師が言う英語を繰り返し，それに
対して How long 〜 ? で次のように質問させます。

T：I live in Tokyo.
S：Oh, you live in Tokyo.　How long have you lived there?

　教師が言う英語は，現在完了（継続）を使って質問ができるよう，I use
this bag. などいくつかバリエーションを用意しておきます。
　毎時間は大変でも，時にはこのような音声系のテストを取り入れて，音声
面の強化を図っていきたいものです。

(2) 文字系の小テスト

　次に，よく行われている文字系の小テストを検討します。音声中心の授業
を前提とし，「言えるようになったことを書けるようにする」という視点か
ら，音声との関連性，準備・実施・採点の簡便性，そして文レベルの活動で
あるか，などを総合的に判断し，☆の数で「おすすめ度」として示してみま
した（最高は☆☆☆☆）。

①ディクテーション

　教師が言う英語を聞いて書き取らせます。単語，句，文，どのレベルでも
可能ですが，できる限り文を書かせたいものです。全部を書き取らせる Full
dictation と，一部を書き取らせる Partial dictation とがありますが，いず
れも 2 文程度が適切でしょう。
　文レベル（full）の場合，弱音や音の連結も正しく書き取れるようにする
ために事前の十分な音読練習が必要です。速く書くことも要求されるので，
その点に注意して復習させます。またディクテーションでは，意味理解が
伴っているかどうかを完全にはチェックできないので，授業で十分に意味を

理解させておく必要があります。

（おすすめ度）☆☆☆☆

　「音声から文字へ」という授業の流れと合致しており，実施・採点ともに簡単です。ただし partial の場合は，事前にテスト用紙を印刷したり，空所以外の部分を板書するなどの手間がかかります。

②単語テスト

　最もよく行われているテストで，やり方にはいろいろあります。

1）日本語を与えて英語の単語を書かせる

　日本語は口頭で言うか，印刷した紙を配ります。曜日や月の名前など，日本語と英語の意味のずれが少ないものには向いていますが，せっかく英語で導入した単語をこの方法でテストするのはよくありません。

2）文脈を与えて，空所補充させる

　教科書本文など，文脈の中で単語を書かせるようにします。空所以外の部分は，印刷しておくか板書します。文脈があるという点では1）より良い方法ですが，準備に手間がかかります。

3）前時に使用した絵を見て単語を書かせる

　絵はテスト用紙に印刷してもかまいませんが，黒板に貼るほうが簡単です。中学初期に学習する名詞などに向いています。抽象度の高い語はこの形式では無理です。

（おすすめ度）☆☆

　３つのうち，1）の方法が一般に一般に最もよく行われています。しかし，そもそも単語だけのテストで（文単位にしなくて）いいのか，cue の与え方は適切か，英語の音声との関連はあるか，などを考えた上で実施すべきです。採点は簡単ですが，すべての単元で毎回同じような単語テストを実施することの是非については，一考の余地があります。

③暗写

　意味を理解した文または文章を暗記し，書いて再生できるかを見るテストです。原則としてヒントは与えませんが，場合によっては絵やキーワードを黒板に貼ってもいいでしょう。生徒には，覚えてくる部分を前時に指示しておきます。このテストを行う場合は，覚える価値のある文や文章を選びたい

ものです。

（おすすめ度）音声と意味の結びつきを前提として☆☆☆☆

　生徒が復習してきたかどうかがはっきり分かり，準備・実施・採点いずれも簡単です。

④英問英答（Q&A）

　質問に合わせた答え方ができるかを確認します。教師が前時の内容について２つ程度音声のみで質問し，生徒はその答えを書きます。質問は口頭で言うか，前もって印刷した紙を配ります。

（例）T：（ピクチャーカードを貼って）What are the students doing in this picture?　Write the answer in four or five words.

　　　S：They（The students）are eating lunch. と書く。

　質問の英語を聞き取る（読み取る）ことまで要求しないなら，日本語で質問し，指示を出すことも可能です。「この生徒たちは何をしていますか？　答えを５語で書きなさい。」

　英問英答は，授業での教師とのやり取りが基本にあります。日本語で指示を出す場合は，生徒の活動は暗写になります。long answer で答えることや，代名詞の使い方などについては，約束を決めておく必要があります。

（おすすめ度）☆☆

　英問英答で間違えた場合，質問が分からなかったのか，答えが分からなかったのかが見極めにくいのが欠点です。質問を印刷する場合は手間がかかります。

⑤和文英訳

　「生徒たちは今昼食を食べています」のように，日本語を与え它それを英語で正しく書けるかを見ます。与える日本語は，逐語訳のためではなく，あくまでもインプットした英語を思い出させるための Cue になるようにしたいものです。そのためには事前の十分なオーラル・ワークおよび音読が前提です。

（おすすめ度）☆☆

　実施・採点は簡単です。英語の音声との関連性がないので，他の方法で Cue を与えられるのなら避けたい方法です。

⑥絵を見て英文を書く

　絵をみて英語を思い出し，それを書いて再生できるかを見ます。つまり前掲の暗写の Cue として絵を使います。絵は黒板に貼ります。絵を見ればどういう文を書けばよいか，生徒にすぐわかることが前提です。抽象的な内容には向きません。

（おすすめ度）☆☆☆

　前時の授業で使用した絵があれば，準備の手間はさほどかからず，採点も簡単です。

⑦誘導作文

　あらかじめ指定した語句や表現を使って文が作れるかどうかを見るテストです。

1）空所補充の形で文を完成させる

（例 1）Kumi is _____ with her friends now.

　　　　　　　（talking, singing, playing volleyball など）

（例 2）I can _____, but I cannot _____.

2）口頭で指示を与えて書かせる

（例 1）spoken を使って受け身の文を 1 つ書きなさい。

（例 2）can を使って文を 1 つ書きなさい。

　授業との関連を明確にし，採点基準を生徒にも伝えておかないと，思わぬ解答が出てきたり，採点で困ったりします。

（おすすめ度）☆

　生徒の解答の自由度は高く，表現力を高めるにはこのような活動をたくさん行うのがよいのですが，小テストには向きません。準備の手間は，1）はややかかる，2）は簡単。採点の手間も含めて総合で☆ひとつです。

(3) Review / Consolidation 以外の段階で実施可能な小テスト

　原則として，小テストは次時の最初の Review か本時の最後の Consolidation の段階で行うものですが，例外的に次のような段階でも小テストを実施することが可能です。

① Oral Introduction の直後

　内容が理解できたかどうかを，教科書本文のキーワードを空欄にした穴埋めプリントやQ&Aなどで問います。Oral Introduction で使った板書を参考にしてよいことにするなど，生徒の負担を減らした上で行います。教師は，生徒とのやり取りを通じて，ほぼ全員の生徒が満点を取れる確信がなくてはなりません。

② Reading Aloud の後

　Chorus Reading → Buzz Reading → Individual Reading の音読練習を経て，十分読めるようになったことが確認された場合，数名の生徒を指名して読ませ，その音読を小テストとして評価します。生徒全員が同じ条件でテストを受けるわけにはいきませんが，回数を重ねることで不公平さは解消されます。その場でフィードバックもでき，何よりも音読練習への意識づけになります。

③授業外

　(1) の音声系の小テストを，授業の中ではなく，授業外で教師の空いている時間に受けさせます。時間に制限がないぶん，より丁寧に個別指導ができる利点があります。

7. 採点・返却

　当たり前のことですが，採点および評価は教師が行います。音声系のテストは，その場ですぐに結果をフィードバックします。合格できなかった生徒には再度練習させ，全員が合格するまで指導します。

　文字系のテストは，回収・採点・返却の手間がかかりますが，定着度を直に把握し，授業時間をより多く確保するためにも，生徒にやらせず教師が労を惜しまず採点します。ただし，解答に関するフィードバックは早い方がよいでしょう。小テストを行っている間に机間指導して出来具合を把握しておき，答案回収後すぐに正答を示し，できた生徒に挙手させるなどして，教師生徒ともにその場で結果を確認します。多くの生徒に共通する間違いがあれば全体に指導します。

　採点で重要なのは，何点とれたかよりも，どこをどうまちがえたかということです。教師は間違った箇所には印をつける程度にとどめ，訂正は返却後に生徒自身に行わせ，後の学習に役立たせます。

8.　簡便に実施するためのアイディア

　小テストは簡便でなければ長続きしません。また，あとの授業になるべく食い込まないよう短時間で終わらせる必要があります。そのためにできる工夫をいくつか考えてみましょう。

(1) テスト用紙
　その都度テスト用紙を印刷するのでなく，毎回共通で使えるものを用意しておくとよいでしょう。中学生入門期なら4線の印刷されたもの，学年が進めば，同じ大きさに切っただけの紙でかまいません。穴埋め問題なども，教科書のコピーや授業で用いたハンドアウトを利用して，新たに作成する手間を省きたいものです。

(2) テスト問題の与え方
　問題は，教師が口頭で言う，黒板に貼る，キーワードを板書する，などの方法により，印刷の手間を省きましょう。暗写や誘導作文の場合は，前時に内容を予告しておけば，指示しなくてもすぐ書き始められます。

(3) 正答の示し方
　教師が口頭で言う，紙に書いておいて貼る，スクリーンに映す，教科書やノートを開いて生徒に確認させる，などにより，短時間で終わるようにします。

(4) 配付・回収の方法
　(1) で述べた共通用紙は，授業の前にあらかじめ配付しておくと時間短縮になります。回収も，後の生徒から素早く前に送り，教師が最前列の生徒からまとめて受け取ると早くできます。

9. 返却後の処理

　返却したテスト用紙を生徒にどう処理させるかは，教師の意図が反映されるところです。何の指導もしなければ，多くの生徒はゴミにしてしまいます。満点を取れなかった生徒にとってこそ，返却されたテスト用紙は復習の材料として貴重なものなのですが，そうした生徒に限って，ゴミにしてしまう傾向があるように思います。このような生徒にこそ，返却後の教師の指導が必要です。日々の積み重ねや復習を重視し，小テストを大切にする姿勢を育てたいものです。

　指導としては，自分がどこをどう間違ったかを振り返るために，ノートに貼るなどしてテスト用紙を保管させます。そして，間違いを自分の手で訂正し，練習させておきます。さらに，小テストに出した問題を再度中間テストや期末テストにも出します。そうすれば，生徒も終わった小テストを捨てず，復習に役立てるようになるはずです。

10. 小テストと評価について

　小テストの目的は，生徒の評価ではなく指導の成果の確認であり，その点数は，いわば教師の指導に対する評価ともいえます。しかし，いくら良い授業をしても生徒が努力をしなければ英語の力はつきません。やはり生徒にも努力してもらいたい，そして，努力したことは評価してやりたいものです。したがって「小テストの得点は成績に入れる」と生徒には伝えます。成績で脅すのではなく，生徒の家庭学習を促進するためです。本当に成績に入れるかどうかは，教師の判断でかまわないでしょう。

11. 定期テスト

　ここまで小テストを中心に述べてきましたが，最後に中間・期末試験などの定期テストについて考えます。定期テストも，基本的な考え方は小テストと同じです。つまり，教師にとっては指導の成否がわかり，生徒にとっても「何ができて，何ができないのか」がわかるテストでなければなりません。以下，作成の際の留意点を挙げます。

（1）テスト全体の構成を決める

　いきなり問題を作り始めるのではなく，まずテスト全体の構成を考えます。最低でも次の3つを決めておきましょう。

①大問とテスティング・ポイント

　どのような能力や知識を測るのかという「テスティング・ポイント」をリストアップします。「読解」「文法」といった漠然としたものではなく，例えば「場所を表す前置詞 in, on, under, behind の区別」「すしの作り方の手順を5文で説明」のように，なるべく具体的に書き出します。これがテストの「大問」になります。「1つの大問には1つのテスティング・ポイント」が原則です。授業で何を目標に指導してきたかを振り返れば，テスティング・ポイントの設定は難しくはありません。

②配点と問題数

　次に，大問ごとの重みづけ（配点）を決めます。重要な項目ほど配点は高くします。同時に，それぞれの大問に必要な小問の数も決めます。例えば「am, is, are を正しく使い分けられるか」をテストする場合，3問では，本当に理解しているかどうかを判断するには少なすぎます。主語がI, you の場合と，それ以外の単数・複数の例（my father, this pen, Ken and Kumi, you and I など）がいくつあれば十分かを考え，1点×10問で10点，という具合に決めていきます。

　大問ごとに必要十分な問題数を用意していくと，テストの合計が100点を超えてしまうかもしれません。しかし，そもそもテストは100点満点でなければならないという決まりはありません。あとで100点に換算することは簡単なので，合計点のことは気にせず，全体の構成を重視します。ただし，生徒が時間内に解答できる量かどうかは考慮する必要があります。

③テストの方法

　例えば「前置詞 in, on, under, behind の区別」をテストする場合，「英語を聞いて絵を選ぶ」「絵を見て空所補充」「多肢選択式」など，どの方法でテストするかを決めます。聞いて理解できればよいのか，書くことまで要求するのか，教師の意図が反映されるところです。

　このとき，ペーパーテストだけでなく，スピーキングテストなどの実技も含めて，その力を測るにはどの方法が適しているかを考えます。テストの方法は，生徒の勉強のしかたにも影響を与えますので，実技テストは積極的に取り入れたいものです。実技テストは，定期テストの時間外に行なうことも多いのですが，生徒には成績の一部となることを伝えておきます。

(2) 総合問題は作らない

　このようにテスト全体をデザインしたのちに，小問を作成していきます。このとき「1 つの大問に 1 つのテスティング・ポイント」という基本を守れば，いわゆる「総合問題」は排除されます。総合問題は，あるまとまった文章について，文法問題があったり，内容理解や単語の発音を問うなど，複数のテスティング・ポイントが含まれた「ごった煮」問題で，全体として何をテストしたいのかがわかりません。バラバラのものを足して出した得点にも，意味がありません。

(3) 生徒へのフィードバック

　テストを返却する際に，テスティング・ポイントが生徒にもわかるよう，結果を次のような表にして返却してみてはどうでしょうか。

大問	チェックポイント		得点
1	文法	am, is, are の使い分け	8 / 10
2	単語	in, on, under, behind の意味が聞いて分かる	5 / 5

　生徒はこれを見て，自分の弱点を知り，何を復習すればよいかを知ることができます。いわば健康診断や体力テストの結果のようなものです。「総合でB」と言うだけでなく，どこを改善すれば A になるのか，血圧なのか，柔軟性なのか，そういうことを生徒にも伝えるべきです。これにより，教師自身も，テスティング・ポイントを意識して問題を作成できたかどうかがチェックできます。

(4) teaching の準備と同時に testing の準備を

　定期テストを作るのは大変なことですが，実は「テスティング・ポイン

ト」は，日々の授業の指導目標の積み重ねに他なりません。理想的には，指導計画の段階でテストができていなければならないとも言われます。何を指導するかを考えることは，何を習得させたいかを定めることであり，それは学習後の生徒に何を求めるかということとイコールだからです。現実にはなかなかそうはいかないものですが，授業の準備と同時にテストを作る，ということを目標にしていきたいものです。

Ⅷ　辞書指導

1.　辞書を使うことの難しさ

　英語力が高まるにつれて，自立的な学習者になっていってもらいたいと願うのは当然のことでしょう。その際，重要な道具となるのが辞書です。ただ，辞書を「誰にでもすぐに使えるもの。国語辞典は使えているのだから」と早合点するのは禁物です。

　というのも，英語学習で使う辞書には，国語辞典とは異なるさまざまな約束事があり，その約束事を知らないと，記載されている情報にたどり着けなかったり，あるはずの情報を正しく引き出せなかったりするからです。ここでは，英和辞典・和英辞典・英英辞典のうち，英和辞典に限ることにします。

2.　辞書の約束事の指導

　そこで，辞書の約束事を指導する必要があります。まず，どんな順序でどんな内容が記述されているかを生徒に説明します。ここでは，紙の辞書をもとに論じます。次のようなハンドアウトを使います。

　英和辞典にはさまざまな情報が書かれています。辞書の一部を見て，（A）～（G）の記号が表しているのは何か。ア～キの中から選んで記号で答えましょう。

> (A) **mu·sic** /mjúːzɪk ミューズィク/ 派 →
> (C) musical (形), musician (名)
> (D) ─名 U ❶ **音楽**；楽曲.
> (F) ・listen to **music** 音楽を聴く.
> ・compose [write] **music** 作曲する.
> ・play [perform] **music** 演奏する.
> ・a piece of **music** 1曲.
> ・the **music** industry 音楽業界.
> ❷ **楽譜**.
> ・read **music** 楽譜を読む.
> (G) ***fáce the músic*** 《くだけた》(自分の不始末で)罰[批判]を受ける.
> ***músic to A's éars*** A〈人〉の耳に快い，Aにとって聞いて愉快な.
> ***sèt [pút] A to músic*** A〈詩など〉に曲をつける.

原川博善, 畠山利一 (編) (2017)『ベーシックジーニアス英和辞典 第2版』大修館書店

ア）music という語の意味（**語義**）　　　　　（　　　　　）
イ）music という語の属する言葉のグループ（**品詞**）（　　　　　）
ウ）music という語の読み方（**発音**）　　　　（　　　　　）
エ）music という語と関連のあるほかの語（**派生語**）（　　　　　）
オ）music という語についての項目だという印（**見出し**）（　　　　　）
カ）music という語を使った独特の表現の例（**成句**）（　　　　　）
キ）music という語を使った一般的な表現（**用例**）（　　　　　）

次の授業では，下のようなハンドアウトで確認します。

---

mar·ket /mάːrkət マーケト/
──名 (圈) markets /-ts −ッ/) C
❶ 市場(いちば), 市(いち).
・a fish market 魚市場.
・go to the market 市場へ行く.

❷ [単数形で] 市場(じょう)；需要；取引, 売買.
・the stock market 株式市場.
・a buyers' [sellers'] market 買い手[売り手]市場.
・That company entered (into) the telephone market. その会社は電話市場に参入した.
❸ 相場, 市価, 市況.
・The market is rising [falling]. 相場が上がっている[下がっている].
on the márket 売りに出されて.
pláy the márket 株式に投機する.
──動 (三単現) markets /-ts −ッ/ ; (過去・過分) marketed /-ɪd/ ; (現分) marketing) 他 …を市場に出す, 売りに出す；売り込む.

原川博善, 畠山利一（編）（2017）『ベーシックジーニアス英和辞典 第2版』大修館書店

---

1) **見出し語**は何ですか。 （　　　　　）
2) **発音**はどう表記してありますか。写してみましょう。
　　　　　　　　発音記号（　　　　　）カナ発音（　　　　　）
3) **品詞**は何と何ですか。 （　　　　　）と（　　　　　）
4) 名詞の**複数形**はどう表しますか。 （　　　　　）
5) 名詞の**語義**は何番までありますか。 （　　　　　）
6)「その会社は電話市場に参入した」を2通りの言い方で書いてください。
　　　　　　　　（　　　　　　　　　　　　　　　　　）
　　　　　　　　（　　　　　　　　　　　　　　　　　）
7)「相場が下がっている」は英語でどう言いますか。
　　　　　　　　（　　　　　　　　　　　　　　　　　）
8) **成句**はいくつ挙げてありますか。 （　　　　　）
9) 動詞の過去形はどう表しますか。 （　　　　　）

設問の意図などを補足します。

1) 見出し語が項目の冒頭に書いてあるのは国語辞典とも共通で自明のことですが，確認しておきます。

2) 発音の表記が掲載されている場所を確認するためのもので，発音記号を覚えさせる意図はありません。

3) 語によっては2つ以上の品詞に属することがあること，また，品詞名は省略されて表記されることを伝えるためです。

4) ここでは複数形がスペルアウトされていますから明瞭です。ただ，辞書によっては，見出し語を〜で表し，複数形を「〜s」で表すものもありますので，その場合には確認が必要です。

5) 多義語の可能性があることを常に意識させるためです。❶だけを，その語の意味と勘違いしないで，下のほうまで目をやる習慣をつけさせます。

6) 丸カッコ（　）の役割を確認します。その中の語を使っても使わなくてもよいという意味です。

7) 四角カッコ［　］の役割を確認します。直前の語と入れ替えて使えるという意味です。6) と7) の役割の違いを知らないと，間違った情報を得ることになってしまいます。なお，入れ替えると意味が異なる場合には，訳にも［　］がついています。また，この辞書では，2語以上と入れ換え可能な場合には，入れ換え可能な範囲が「　で示してあります。初学者に親切な心配りです。

　　例〈ticket 項〉：a train［bus］ticket 列車［バス］の乗車券．「an air-line［a plane］ticket 航空券．a ticket for［to］tonight's show 今夜のショーのチケット

8) この位置に成句があるということを確認するためです。

9) 辞書によっては，規則動詞については語形が示してないこともありますが，この辞書では明示してあります。

　このあとは，辞書には面白い情報が載っているということを実感させるため，また，英語と日本語との意味のズレに興味を持ってもらうため，次の各項について，手元にある辞書のコピーを見せ，尋ねるのもよいでしょう。

・〈key 項〉日本語の「かぎ」は英語（と漢字）では 2 つの語（文字）に分かれます。書いてみましょう。

・〈handkerchief 項〉英米でのハンカチの主な使い道は何でしょうか。

・〈cook 項〉「サラダを作る」とき，cook (a) salad と言えるでしょうか。

・〈local 項〉日本語の「ローカル」に含まれる「（都会でなく）地方の，いなかの」という意味はありますか。

・〈sharp 項〉シャープペンシル（シャーペン）のつもりで sharp pencil と言ったら，意味は伝わるでしょうか。もし伝わらないとしたら，なぜでしょうか。シャープペンシルを英語では何と言うでしょうか。

やがて，学習進度にあわせて，比較級や最上級が記載されていることを確かめたり，-er/est 型か more/most 型のどちらに変化するのかは辞書で確認できることを伝えます（例：honest）。

また，日本語を母語とする英語学習者にとって，重要かつ難解な概念に「可算／不可算」があります。この概念の丁寧な指導と並行して，たとえば，次のようなハンドアウトを使って，辞書で使われている記号（ⒸとⓊ）の意味を理解させ，ひいては英文の意味を正確に理解させる練習が可能です。

chick·en /tʃíkɪn チキン/
── 名 (複) chickens /-z/
❶Ⓒ ニワトリ.
・keep chickens ニワトリを飼う.
❷Ⓤ とり肉, チキン.
・fried chicken フライドチキン.
❸Ⓒ （ニワトリの）ひよこ《◆ chick より大きい》, 若鶏.
❹Ⓒ 〈くだけた〉臆病(おくびょう)者(coward).
── 動 (三単現) chickens /-z/ ; (過去・過分) chick-ened /-d/ ; (現分) chickening)《◆ 次の成句で》.
chícken óut (of A) 〈くだけた〉(A に)しりごみする, おじけづいて(A を)やめる.

原川博善, 畠山利一（編）(2017)『ベーシックジーニアス英和辞典 第 2 版』大修館書店

(1)　　❶について答えなさい。

(1-1)　❶の意味を書き写しなさい。　　　　　　　（　　　　　）

(1-2)　❶の数字の直後にある記号を写しなさい　　（　　　　　）

(1-3)　❶の意味のとき, chicken は数えられる名詞か, 数えられない名詞か？

{数えられる名詞・数えられない名詞}

(1-4)　❶の意味の時，a chicken という形はありうるか・ないか？

{ありうる・ない}

(1-5)　❶の意味のとき，chickens という形はありうるか・ないか？

{ありうる・ない}

(2)　　❷について答えなさい。

(2-1)　❷の意味を書き写しなさい。　　　　　　　　　　（　　　　　　）

(2-2)　❷の数字の直後にある記号を写しなさい　　　　（　　　　　　）

(2-3)　❷の意味のとき，chicken は数えられる名詞か，数えられない名詞か？

{数えられる名詞・数えられない名詞}

(2-4)　❷の意味の時，a chicken という形はありうるか・ないか？

{ありうる・ない}

(2-5)　❷の意味のとき，chickens という形はありうるか・ないか？

{ありうる・ない}

(3)　　次の文中の下線のついている部分の意味を日本語で正確に述べなさい。

(3-1)　Fox: I was very hungry yesterday.　I ate a chicken.　It was delicious and I was very happy.

(3-2)　Queen: I didn't eat fish yesterday.　I ate chicken.　It was delicious and I was very happy.

Ⓒ：「数えられる名詞（countable）」は，おおざっぱに言って「決まった形（輪郭）があって，シルエットからそれが何であるか，何となくわかるもの。ちぎったり分解したりすると，元の名前では呼べなくなるもの（たとえば，椅子を分解すると「ひじ掛け・背もたれ・座面・脚・キャスター」などになってしまい「椅子」とは呼べなくなる）。単数形には a, an が付けられ，複数形がある。

Ⓤ：「数えられない名詞（uncountable）」は，おおざっぱに言って「決まった形（輪郭）がなく，ちぎっても，一部を取り出しても，元の名前のまま呼べるもの。a, an は付けられず，複数形もない。

3.　辞書はいつから使わせるか

　ここまで，辞書を使わせるのであればこのようにするのがよい，という前提で説明をしてきました。けれども，根本的な問題に立ち返る必要があります。それは，辞書は引かせるべきか否か，そもそも引けるのかという問題です。そして，もし引かせるのならそれはいつからか，という問題です。

　毎時間，新出単語の意味を辞書で調べてくることを予習として課している教師は多いようです。けれども，時間をかけて新出単語の意味を引かせることに，英語教育的にどんな意味があるのかを問うてみる必要があります。とりわけその実態が「しかたなく辞書を引き，その語が使われているテキストの文脈とは無関係に，品詞も考えることなく，見出し語の次にある❶の意味を書き写しているだけ」であれば，なおさらです。このような作業が英語力そのものや英語への興味・関心の向上に寄与しているかは疑問です。電子辞書の使用が許され，目当ての語にたどりつくまでの時間が短くなったとすれば，生徒にとっては朗報かもしれませんが，上のような「意味調べ」であれば，その時間を，学習した単語を覚えるのに使ったほうがよほど教育的です。実際，基本語を 2000 語くらいが理解できるようになり，基本的な文法も習得していなければ，辞書に載っている用例も理解できません。生徒がその域に達するまでは，「辞書を引かなければ英語はできるようにならない」という教師の思い込みは捨てたほうがよさそうです。

　そもそも初学者は，英語の文字にもまだ慣れ親しんでいませんし，アルファベット順にも慣れていませんから，とりわけ紙の辞書を引くのは大変な労力の要る作業です。電子辞書で引くにしても，キーボードの文字配列を知らなければ苦痛です。さらに，規則動詞の変化形が載っている辞書は初学者用でも多くはありませんから，played を引いても「載っていなかった！」ということがありえます。文字の異なるロシア語，韓国朝鮮語，アラビア語を自分が学び始めた場合，いつごろから辞書が引けるようになりそうか，想像してみるとよいでしょう。

4.　授業中の辞書指導

　基本語と基本的な文法が身に付いたところで，自立した学習者になっても

らうため，辞書が使えるように指導することは必要です。その際には，授業で使っている教科書本文を活用します。新出語に限らず，既習語でも新しい意味で使われている語などを，毎時間，Explanation の際に，1 語〜数語，辞書を引かせて指導することが可能です。文脈から品詞を見極めること，文脈にふさわしい意味を想像してみること，その上で辞書から適切な意味を探すこと，その際には文型表示や共起する前置詞などの情報が助けとなること，確認と定着のために例文（とその訳）にも目を通すこと，などを毎回少しずつ，繰り返し伝えていきます。

5. 電子辞書か紙の辞書か？（電子辞書のデメリット）

　紙の辞書（アルファベット順で引くこと）に慣れていない生徒で，qwerty 配列のキーボードに慣れている生徒にとって，「引きやすい」のは電子辞書でしょう。辞書に親しむきっかけとしては良さそうに思えます。ところが電子辞書には，紙の辞書と比較していくつかの欠点が思い当たります。「引きやすい」イコール「使いやすい」とは限りません。

　まずひとつめは表示画面の小ささです。その弊害は，ある見出し語に関する情報がどれほどあるのか，ただちにはわからないということです。言い換えれば，品詞が1つなのか2つ以上あるのか，また語義はいくつくらいあるのか，慣用句の例が載っているのかといったことが，一目で把握できないのです。

　辞書の構成を熟知させるまでは，電子辞書の使用には「危険」が伴うことを知っておいたほうがよいと思われます。

6. 電子辞書か紙の辞書か？〔電子辞書のメリット〕

　辞書の構成を知ったあとであれば，もちろん電子辞書の使用を禁じる理由はありません。今度は，紙の辞書には存在しない機能について説明することを怠ってはいけません。

　まず何よりも「ページ送り」キーを活用して，次の（さらに次の）ページを見る習慣を身に付けさせたいものです。

　また，辞書が発音を教えてくれることも伝えます。難しい発音記号を，と

きに自己流で「解読」するよりも，電子辞書の発音を繰り返し聞いて，（最
終的にマスターしなくてはならない）綴りと見比べることで，綴りと発音の
関係を知ることは紙の辞書ではできない学習法です。
　さらに，「成句検索」の機能があることも指導します。読んでいる文章に
「成句」と思われる表現（たとえば，put up with）が現れたとき，通常の検
索欄ではなく「成句検索」欄を利用する方法です。辞書の機能によっては，
語を「&」でつないで入力しなければいけないものもあります。紙の辞書で
は，put を引き，末尾にある成句欄まで行かなくては，その意味は調べられ
ないところです。
　また，あやふやな綴りは「スペルチェック」欄に入力することで，いくつ
かの候補が探せることも，電子辞書ならではの機能として活用するよう指導
します。辞書によっては，通常の検索欄にあやふやな綴りを入力すると，正
しい綴りの候補を挙げてくれるものもあります。
　学習段階にふさわしい指導を適宜，繰り返し行なうことで，辞書は使い甲
斐のある学習ツールだと認識させ，必要なときに辞書を頼りにし，正しい情
報を検索することのできる，自立した学習者を育てたいものです。

IX　ノート指導

　一般的にノート指導というと，授業中に聞いた内容を自分の言葉で書き留めて，後から見直してその内容を思い出し，学習を深めることができるようにさせるものです。したがって，授業中に聞いている内容がわからないと，記録もできません。また，横着な生徒は，自らは記録せずに，コツコツとノートを取っていた生徒のノートを借りて，辻褄を合わせようとすることがあります。今でも，「黒板に書かれた内容だけではなく，先生の話でポイントとなるところは，自発的にノートに記録しておきましょう。」と指導されます。英語の授業でも同じように考えていいのでしょうか。

1．英語の授業における「ノート指導」のポイント

　英語の授業の指導過程で，どこで生徒はノートを取るべきなのでしょうか。中学校では新しい文法事項が導入され，教師がその例文を黒板に書いた時に，それを写して，教師の説明を書き留めればいいのでしょうか。また，Oral Introduction を聞きながら，その内容を書き留めることもできるでしょうか。たぶん，これらのことは難しいと思われます。日常的に使用していない英語を聞いていくことだけでも，学習者にとっては，かなり負担がかかります。理解するだけで精一杯です。そこへ，さらに内容をまとめてノートに書いておきなさいという「聞きながら，書き取らせる」指導は，生徒には気の毒です。特に，中学校の1，2年生では行わせるべきではありません。どちらか1つに集中させるべきです。

2．過去のノート指導

　予習や復習として，教科書の本文を書写し，そこへ日本語訳を書き込むという形式のノート指導が長年行われてきました。第2章 Ⅷ 2．宿題・家庭学習の指示（pp.137–139 参照）においても述べたように，これはもっとも避けたい指導です。中学校1，2年のうちは，言語材料も限られ，英語の基本的な構文もすべて学んでいない段階ですので，よく理解できない英文をた

だ書き写すということになりかねません。また，日本語訳を求めることは，Oral Introduction を用いて，日本語を極力介在させずに，最初に直接英語に触れさせ理解させるという大原則と矛盾してしまうことになります。

3．ポートフォリオとしてのノート

　では，英語の授業ではどんなノート指導が必要なのでしょうか。ノートの本来の趣旨から考えると，ポートフォリオ的にノートを作らせていくことがいいのではないかと考えます。英語の授業は音声中心で行われていると，ノートにはあまり記録が残らず，振り返ってみると，それまでに何を学んできたかが，ノートを見返してもよくわからないという可能性もあります。それを解決するために，以下に示されたものをすべて記録としてノートに残していくように指導していきます。

(1) 授業中に関することの記録
　新出の文法事項が導入されタスクまで行われた後に，または授業の最後にまとめとして，板書された英文を書写させたり，話した英文を書かせたりします。さらに，授業の最後には「振り返り」として，「その授業で何を学習したか」をノートに書かせます。
　また，授業で配布されたワークシートや返却された小テスト等も，枚数がかさばらなければ，ノートに直接貼り付けさせます。

(2) 家庭学習の際に
　授業時間中にリテリングや要約文を書かせたものの十分な時間がとれず，未完成のままチャイムが鳴ってしまうことがあります。その未完成のノートの残りを家庭学習として書かせます。また，次の授業の発表のために準備する原稿も，同じノートに書きこませます。さらに，スペリングの練習や次の授業での復習の小テストのための練習も，このノート上で行わせます。答え合わせも行わせると，後から見直して，自分自身が身についていない部分を確認しやすくなります。また，授業でワークシートが配布されることもありますが，それもここに貼り付けさせます。
　また，中学 1 年生に対しては，上述の要素を含んだノートを作成させる

ためには，次ページの「指導例」にあるようなプリントを配布して，学習の一環として位置づけることも可能です。

4. 留意点

　すでに述べたように，中学1，2年生のうちは，教師が英語で語りかける場合には，聞くことに集中させ，書かせる場合には，しっかりと時間を取って，落ち着いて書かせるように心がけます。

　ノート指導にはノート点検がつきもので，評価の対象となっていることが多いのですが，このようにしていくと，行うべきことがはっきりしていますので，評価の観点は明確になります。配布されたワークシートが整理されてノートに貼り付けられているか，それひとつを見ても，生徒の学習状況はわかります。

　学習者にはそれぞれ学習のスタイルがありますので，全員一律のノートの取り方を強制する必要はありません。また，必ずしもスペリングは書いて覚えなければならないということはありません。しかし，小テストでも点数が取れず，ノートにも練習の形跡がなければ，明らかに授業内容を理解できていないことと，家庭学習が習慣化されていないことがわかります。評価をするためだけではなく，生徒の学習状況を把握し，その後の指導にも生かすことができます。

「指導例」

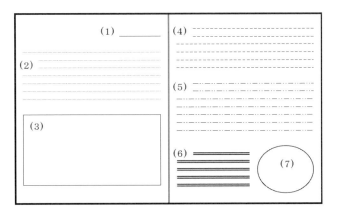

(1) 日付をまず書きましょう。

(2) 授業中に記入するところです。書きましょうと言われたことを書いたり、その日何をやったか記録しておきましょう。

(3) その日配られた練習用プリントを貼りましょう。

(4) 家で、CD を聞きながら英文を書くところです。間違った語の練習もここにやりましょう。

(5) 家で、練習用プリントの日本語を見ながら英文を書くところです。

(6) 家庭学習のときに出た質問をまとめたり、自分が間違えやすいところなどを書きとめておきましょう。

(7) 自由のコーナーです。その日の学習内容に関連した絵などを描いてみてください。

X　多読指導とは

　検定教科書では，扱う語数や総ページ数などさまざまな制約があるため，どうしても英語のインプット総量が不足しがちです。既習の文法事項や語句なども，意味のあるさまざまな文脈の中で繰り返し出会うことによって定着しますが，教科書の英語だけではそういう機会には恵まれません。

　そこで必要になるのが，多読という活動です。多読とは，無理なく理解できるレベルで，興味関心のある内容について，楽しみながら，できる限り速く，多く読む活動です。

　教科書を使った通常の授業では，教師の助けや解説を頼りに本文を理解したり練習したりしますが，多読では，自分の力で，自分のペースで，英語を読んで理解する喜びを味わうことができます。教科書を使った精読と車の両輪のような関係です。

1．目的と効能

　多読に取り組むことによって，次のようなスキルや経験が得られます。

　まず，できるだけ速く英語の流れで読み進める練習を積むことによって，英語を英語の流れで理解できるようになります。常に日本語に訳しながら英語を読む習慣が染みついてしまっていると，どうしても漢文を読むときのように，前後に行き来しながら読んでしまいがちです。

　初めのうちは無理せずに数語のフレーズごとに一息ついて意味を確認しながら読み進め，慣れてきたらその区切りをだんだんに伸ばしていきます。それでも視線は後戻りせず，先に読み進めていくように努めます。

　次に，既習事項を使ってストーリーを楽しんだり，新しいことを知る楽しみを体験したりすることができます。教科書では，既習の語句や文法事項が繰り返し使われる機会はあまり多くありませんが，多読の教材をたくさん読むことによって，内容を楽しみながら，多くの既習事項に何度も触れることが可能になります。

　最後に，多読を続けると，多少の未知語は推測したり，過度に細部にこだわらずに読み進めることに慣れてきます。そこで問題となるのが辞書の使用

の是非です。辞書を引くことを抑制するアプローチもあるようですが，読み終えてから気になった語を調べるのはむしろよいことだと思います。気をつけなければいけないのは，読み進めることを中断して辞書を引き過ぎることです。どうしてもそうしないと理解を伴う読みができないときには，題材が難し過ぎることも考えられるので，無理せずより易しい題材に変えることも必要です。

2．教材

　英語圏の子ども向けの絵本や，外国語学習者を意識して使用語彙と文法事項を段階別に制限してある Graded Readers シリーズなど，いろいろな教材が販売されています。予算が許せばこのようなものを少しずつ買いためていくといいでしょう。その他に，授業で使用していない他社の検定教科書も，安価で手に入り，内容も日本の学校教材として編集されているので，多読教材として利用することが可能です。

　選択のポイントとしては，少し易しすぎるのではと思われる程度のものが多読教材としては適しています。それでいて，内容的に興味の持てるものであれば最適です。

3．実施場面

　どのようなタイミングと場面で多読を行うかは，いろいろなケースが考えられますが，定期的に時間を設けて継続していくのが効果的です。スピーキングテストの待ち時間に実施したり，試験後や学期末の時間を活用して行うのもよいでしょう。あるいは課外活動として，授業時間外に各自好きなときに取り組めるようにすることも考えられます。課外で行う場合には，ライブラリーの管理や図書館との連携などを検討する必要があるかもしれません。

　いずれの場合でも，最初の数回は授業内で時間を確保し，次に解説するような多読の取り組み方について説明し，慣れるまでは教師が様子を見ながらアドバイスをすることが不可欠です。

4. 実施方法

(1) 指針の説明
　ガイダンスでは，次のような指針を示し，その意味を説明します。
1) 英語の流れに沿って読む（戻り読みしない）
2) 速く読み進めることを優先する（少なくとも読了まで辞書を引かない）
3) 楽しくなければ他の本を選び直す（難し過ぎる，興味が持てないなど）
　初めのうちは，どうしても戻り読みから抜け出せなかったり，辞書を引きすぎてしまったりする生徒が出てきます。そうした兆候を見かけたら，手に負える語数の切れ目を探して理解を確認しながら読み進める手助けをしたり，前後関係から未知語を類推するヒントを与えたりする必要があります。頑張り屋の生徒ほど，より難しい教材の方が良いと信じている傾向があるので，そういった無理な気負いを取り除くことも大切です。

(2) 教材の選択
　十分な冊数がある場合には，教室の前方などに長机を設置し，レベル別，ジャンル別などに分類して平置きに並べ，生徒が自由に手に取って選べるようにしておくとよいでしょう。
　選んだ本を自席で読み，読み終えたら返却し，次の教材を選んで持って行くという方法で読みに取り組ませます。始めは少しざわつくこともありますが，程なく驚くほど静かになり，読みに入り込んでいくでしょう。

(3) 記録
　ただ黙々と読むだけでもかなりの効果が期待できますが，せっかくなので記録をつけさせると励みになります。ただし，あまり多くを求めすぎると，読むことより記録作業が重荷になり，逆効果になるので注意が必要です。
　記録項目としては，語数，理解度，仲間へのオススメ度，発見や感想などが考えられます。語数については，出版社によってはタイトルの語数を公表している場合もありますし，ネットで検索すると情報が得られる場合もあります。それらを集約した一覧表を教室や本棚に配備しておくと良いでしょう。
　これらの項目を一覧表にして少し厚手の色紙などに印刷し，各自記録をつけていくようにします。定期的に回収して内容を確認したり，発見したこと

や人気タイトルなどをまとめて生徒たちにフィードバックすると，読みの参考になります。

(4) オンラインサービスの活用

　もし学校の ICT 環境が許せば，オンラインのサービスを利用することによって，読書記録や理解度の判定など，いろいろな機能を便利に使うことができます。無料で提供されているものや，教材自体もオンラインで読めるようになっている有料サービスまでさまざまなサイトがあります。代表的なものを 2 つ示しておきます（2021 年 8 月現在）。

M-Reader（http://mreader.org/）

　Extensive Reading Foundation が運営するサービス。登録は必要だが，無料で利用可能。多読教材は含まれないので自前で用意する必要があるが，日本で入手できる主だった Graded readers のほとんどに対応している。しかも，その本の総語数が載っていて，読後の理解度確認クイズもある。そのクイズで一定水準以上の正解を収めると，その本を読んだと認定され，読んだ語数が記録される。

Xreading（http://xreading.com/）

　有料（利用者一人月額 500 円）のサービスで契約が必要。オンラインで教材自体も読むことができるので，多読教材を用意する必要がない。読書記録に関する機能は M-Reader とほぼ同じ。

(5) 発展的活動

　多読の取り組みを利用して，発展的な活動を行うこともできます。

　例えば，自分が読んだ本の中から仲間に勧めたいものを選び，その本の内容や魅力を簡単な英語で説明させたり，質疑を行わせる活動が考えられます。

　そのような口頭で行う活動のあと，その内容に基づいて各自が表紙の絵などを添えながらブックレポートに仕上げるというライティング活動につなげることも可能です。

　いずれの場合も，多くを求め過ぎて読む楽しみ自体を損ねてしまうことにならないように配慮することが大切です。

(6) 評価

　特に評価の中に得点として位置づけなくても，やるだけでも必ず効果が感じられる活動ですが，やはり生徒としては何らかの形で評価に組み込まれるほうがやる気が起こることも多いようです。

　基本的には，たくさん読めば評価が上がるようにすればいいのですが，いくつかの指標を総合して評価する方法が妥当でしょう。単に語数や冊数だけで評価をすると，理解して楽しみながら読むことを忘れ，ただ語数や冊数だけ競うようになってしまうこともあります。継続的な取り組みを奨励する意味では，学期末に集中的に読むのではなく，期間を区切ってまんべんなく継続的に取り組めるような枠組みを与えることも効果的です。

XI　文字指導

1．文字指導の重要性

　「読む・書く」の基本となるのは文字です。ところが，その指導の現状は驚くほど「いい加減」です。「画数も多くて，線が複雑に絡み合う漢字に慣れ親しんでいる日本の生徒にとって，単純な形をしていて字数も少ない英語の文字くらい，簡単に身に付くはずだ」という思い込みがあるのかもしれません。と同時に，残念なことに，教師自身が文字指導に関する知識がないために，自身が中学生のときに受けた指導をそのまま伝えるしかない，という「残念な」実情もあるのでしょう。けれども，英語の文字の習得は，生徒にとって大変なことだと認識しなくてはなりません。書きやすく読みやすい文字を身に付けさせることは，そのあとの「読み書き」を伴うあらゆる学習活動の基礎となります。文字指導に関する新しい常識を身に付けて，時間をかけた丁寧な指導を行ないたいものです。

　なお，文字指導の段階で生徒に見せる文字（の字形）は，書かせる文字と同じでなくてはならない，ということを肝に銘じておきましょう。「国語」の教科書でも，とりわけ小学校低学年では，手書き文字のお手本となりうる「教科書体」が使われていることを思い起こしてください。英字のフォントは，UD Digikyo Latin，Sassoon などをお勧めします。

> ○ A quick brown fox jumps over the lazy dog.

　同時に，素朴なタッチゆえに好まれている Comic Sans や Chalkboard ですが，字形は「活字体」と基本的に同じで，滑らかに書くことができませんから，手書き文字のお手本としては好ましくありません。使わないことが賢明です。

> × A quick brown fox jumps over the lazy dog.

2．文字指導の手順

(1) ひとつひとつの文字の指導

　文字の名前を知る前に，形に慣れ，どこがどう異なると違う文字になるのか，ということを知る必要があります。たとえば，A と H は上部がついているかいないかの違いです。B と D は右側の半円が 2 つか 1 つかです。b と d は環状部分が縦棒の右にあるか左にあるかが重要です。h と n は左側の縦棒の長さの違いに注意しなくてはなりません。文字カードを提示して，類似点・相違点を指摘させるとよいでしょう。

(2) 文字名の音を知る〔聞く〕

　次に，1 文字ずつ見せながら，その文字の名前を発音して，その音を聞かせます。最初はアルファベット順で構いませんが，数回後からはランダムにしていきます。アルファベット Aa 〜 Zz の順番を覚えてしまった生徒は，「ピーの次はキューに決まっている！」と思い込んで，文字を見ずに機械的に言いがちですが，ランダムにすることで，ひとつひとつの文字の読み方（名前）を確実に覚えさせることができます。

(3) 文字名を言わせる

　どの文字がどんな音の名前なのかを知ったあとは，生徒に文字名を言わせてみます。生徒は正しい発音をしたがっていますから，教師は口元をよく見るように言いながら，時に発音の仕方を説明しつつ，生徒に繰り返し言わせます。始めから細かいことを言うと生徒は面倒くさがるのではないか，と思うかも知れませんが，杞憂です。そもそも Bb と Vv，また，Gg と Zz は発音が異なり文字も異なるわけですから，そのことを伝え，実際に区別して発音できるようにすることが必要です。

3．大文字の指導

（1）大文字を目に焼き付ける

大文字の分類基準を尋ねる①

　これだけでは，字形はまだ定着しません。書かせる前に，さらに字形を目に焼き付けるために行なっておくとよい活動があります。次のような分類をした大文字を見せ，どんな基準で分類したかを問う活動です。

　①AH (I) MOTUVWXY　②BCDE (H) IK (O) (X)　③NSZ
　④FGJLPQR

　①左右対称　②上下対称　③点対称　④その他，ですが，分類基準を考えさせることで，生徒は文字を何度となく見（比べ）てくれます。なお，（ ）内の文字は①にも②にもあてはまるものです。

大文字の分類基準を尋ねる②

　次は，分類を変えて，①と同様にその基準を問います。

　①BCDEGPTVZ　②FLMNSX　③AHJK　④QUW　⑤IY　⑥OR

　①のあとなので，生徒は字形に注目しますが，少し考えさせたあとで「声に出してみるとわかるかも」と声をかけます。

　それぞれの基準は，文字名が①［イー］で終る　②［エ］で始まる　③［エィ］を含む　④［ユー］で終る　⑤［アィ］を含む　⑥その他，です。この間も，生徒は無意識のうちに文字を見続けます。

大文字の分類基準を尋ねる③

　さらに分類を見せます。今度は書くことに直結した分類です。

　①ILEFTH　②ZVWNMXYKA　③DPRB　④CGOQ　⑤JUS

　ヒントは「書くときと関係しているんだけどね」。基準は筆法で，次のとおりです。

　①縦横の直線だけでできた文字　②斜めの直線が入っている文字　③時計回りの半円が入っている文字　④反時計回りの円（の一部）が入っている文字　⑤その他。

　筆法に関する分類を最後に行ない，次の書く作業に結びつけます。

(2) 大文字を書かせる

　以上の段階を経て，初めて文字を書かせる作業に入ることができます。「英語の文字は小学校 3 年生のローマ字の授業でも触れているし，街中にもあふれているから，それほど手をかける必要はない」と思うかもしれませんが，生徒の知識はゼロだと見なして，時間をかけて丁寧に指導したいものです。

　大文字と小文字のどちらを先に扱うのがより教育的かという議論もあります。使用頻度から言えば，小文字が圧倒的に高いのですが，生徒が見慣れている点と文字の高さが一定であるということから，ここでは大文字を先に軽く扱い，その後は速やかに小文字の指導に移ることにします。

(3) 大文字の書き方

　ここまでの活動で，生徒の頭の中で，文字の形と名前は一致していますから，A から Z まで順に書かせることはしません。A は直線のみ，B は直線と時計回りの曲線，C は反時計回りの曲線からできていますから，アルファベット順に書かせても，英語の文字に特徴的な筆法を身に付けさせることはできません。また，どの文字とどの文字に共通の筆法があるのかもわかりません。

　③の分類に基づいて，次ページのようなハンドアウト（一部）を使って練習させます。大切なのは，①同じグループの文字を上から下に書かせること（つまり，同じ文字を 2 回続けては書かせないということです）　②1 つのグループを 3 回くらいに分けて書かせることです。同じ文字を繰り返し書くのは退屈ですし集中力も途切れます。真剣に丁寧に書けるだけの分量を 1 回の練習で扱います。

(1)　縦・横の直線だけでできた文字

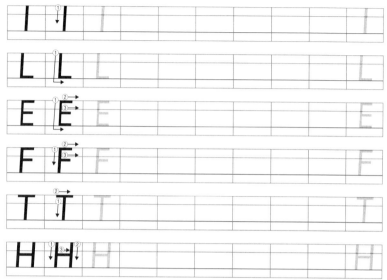

手島良（2019）『これからの英語の文字指導―書きやすく　読みやすく』研究社

4.　小文字の指導

(1) 小文字を目に焼き付ける

小文字の分類基準を尋ねる①

　続いて，小文字の指導に移ります。ここでも，どんな基準で分類したかを問うことで，文字を何度も見させます。

　① bcdegptvz　② flmnsx　③ ahjk　④ quw　⑤ iy　⑥ or

　分類基準は，大文字の分類基準を尋ねる②と同じです。

小文字の分類基準を尋ねる②

　新たな分類を見せ，その基準を尋ねます。

　① acemnorsuvwxz　② bdhkl　③ gpqy　④ fijt

　小文字ならではの分類で，字高に注目した分類です。①中央の１マスを使う文字　②上の２マスを使う文字　③下の２マスを使う文字　④その他，となっています。大文字のときには意識しなくてよかった基準があることに気

づかせます。なお，kは英国ではkのような字形を使うことが一般的です。

小文字の分類基準を尋ねる③

　さらに別の分類を見せます。書くことに直結した分類です。

　①lit　②zvwxky　③ceo　④adqg　⑤u　⑥bp
　⑦nhmr　⑧sfj

　①縦・横の直線（＋点）でできた文字　②縦・横・斜めの直線でできた文字　③反時計回りの円（の一部）が入っている文字　④反時計回りの円と縦棒が入っている文字　⑤反時計回りのコブが入っている文字　⑥縦線と時計回りの円が入っている文字　⑦縦線と時計回りのコブ（の一部）が入っている文字　⑧その他

(2)　小文字を書かせる

　小文字の場合も，ここまで見たように手を変え品を変え，飽きさせないように注意して，しかし，何度となく文字を見つめさせ，その字形を脳裏に焼き付ける工夫をしたのち，やっと書かせる作業に移ります。なお，小文字を書かせるとき，初めの段階では，補助として4線が必要になります。この4線の間隔はこれまで等間隔が一般的でしたが，英国の指導では，間隔の比率が1：2：1，5：9：5あるいは3：4：3など，等間隔でなく，中央部分が他よりも広いのが普通です。使用頻度が高く，文字数も多い，分類基準②の①の文字が，相対的に大きく書けることによって見やすくなりますし，また，安定感のある落ち着いた字形にもなるからです。

(1)　縦・横の直線（＋点）でできた文字

手島良（2019）『これからの英語の文字指導―書きやすく　読みやすく』研究社

　なお，小文字は分類基準②で分類したように文字の高さがさまざまですから，次のような用語を使うと説明が簡便になるかもしれません。濫用には注意しつつ適宜，使用するとよいでしょう。

①最高線（ascender line, top line）

②中間線（mean line, mid-line）

③基本線（base line）

④最低線（descender line）

手島良（2019）『これからの英語の文字指導―書きやすく　読みやすく』研究社

5．大文字と小文字を関連付ける

　これまでの指導に加えて必要なのは，大文字を見てその小文字がわかる，小文字を見てその大文字がわかる，ということです。というのも，大文字をそのまま縮小したのが小文字，というのはわずか7組しかないからです。大文字と小文字の字形の類似性に着目すると次の分類ができます。
　①大文字がそのままの形で小さくなった：CcOoSsVvWwXxZz
　②大文字のごく一部が変化した：IiJjKkPpUuYy
　③大文字の一部が省略された：BbLl
　④大文字の一部がつながった・交差した：FfHhTt
　⑤大文字が大きく変化して一筆書きしやすくなった：AaDdEeGgMmNnQqRr
　大文字と小文字の関連を知るのに最適な指導は，大文字から小文字が生まれた歴史を想像させることです。③～⑤について，左端に大文字，右端に小文字を書いたハンドアウトを用意して，途中に変化の歴史を想像して書き込ませます。
　A →（　　）→（　　）→（　　）→（　　）→ a

D → （　）→ （　）→ （　）→ （　）→ d
E → （　）→ （　）→ （　）→ （　）→ e
（以下略）

　この作業の目的は，生徒に何回となく大文字と小文字を見比べさせること。ですから，途中部分の正否は，あまり重要ではありません。

6．4線を減らす

　生徒が1線の上に書けるようにする前に教師としてできることがあります。いきなり1線にせずに中央の2線に書かせる段階を設けことです。これにより，小文字については，その2線の中に収まる文字か，上に出る文字か，下に出る文字か，といった意識が高まり，正確に書けるようになります。

7．語・文の書き方

　個々の文字が書けるようになったら，語を書いたり文を書いたりする練習をします。語の場合，文字と文字がどれくらい離れていると読みやすいか，逆に接近しすぎると読みにくいかなどを認識します。文を書く場合には，語と語の間に小文字のnかoを1文字分空けること，また，文と文の間にはnかoを2文字分空けることを指導します。（なお，「小文字1文字分」「小文字2文字分」という表現は不適切です。小文字の幅はiとwでは大きく異なります。nかoと具体的に表現します。）

　また，さまざまな句読点（終止符，疑問符，感嘆符，コンマ，アポストロフィ，コロン，セミコロン）や斜字体の使い方についても指導します。とりわけ，それぞれの句読点のあとにスペースが要るか要らないかについても適切に指導する必要があります。

8．文字・綴りと音の関係について

　いわゆるフォニックスも，文字指導の一環として扱わなくてはなりません。文字の名前と書き方を教えても，英単語は読めないからです。penはなぜ［ピー・イー・エヌ］とは読まず［ペン］と読むのか，適切な指導をしない

と生徒は英単語の発音と綴りとの関連性がわからず，漢字と同様に何度も書くことで綴りを覚えようとし，やがて英語が嫌いになる，ということが起こり得ます。

9．左利きの指導について

　左利きの生徒が抱える困難についても，よく知り，適切な指導をする必要があります。文字練習用のハンドアウトでは，鉛筆を持った拳でお手本が隠れてしまわないよう，行の右端にもお手本を載せておくといった配慮が必要です。

手島良（2019）『これからの英語の文字指導―書きやすく　読みやすく』研究社

　また，書いている文字がよく見えるように，①身体の中心より左側で書くこと　②鉛筆は，右利きで標準とされる位置より少し上のほうを持つこと③書き込むためのノートやプリントは右下に傾けること，などを指導するとよいでしょう。

XII　ハンドアウト

　自作のハンドアウトを使用する教師は多く，その内容も使い方も多種多様です。この項では，音声中心の授業で比較的よく用いられるハンドアウトを取り上げ，その使い方と作成の留意点について考えます。なお，生徒が書き込む作業をするものを「ワークシート」と呼ぶことがありますが，ここでは日本語のいわゆる「プリント」類をすべて「ハンドアウト」と呼び，中学校の教材を用いて具体例を示します。

1.　Oral Introduction のあとで用いるハンドアウト

　英語が言えるようになっても音声は消えてしまいます。板書したものも生徒の手元には残りません。ノートに書かせることも可能ですが，書く作業には時間がかかり，個人差も大きいものです。そこで，ポイントを絞って短時間で書かせるためにハンドアウトを利用します。ただし Oral Introduction の「あと」と言っても，直後の場合もあれば，授業の最後の場合もあります。いずれも板書と連動させ，Oral Introduction の内容が記録として残るように作成します。

(1)　新出文法事項
　文法中心の導入を行い，口頭練習を経て十分に言えるようになった文を書かせます。次のように空所補充形式にしておくと，全文を書かせるより時間短縮になり，チェックも容易です。授業で用いた絵などを載せておくと親切です。
　（現在完了を学習したときのハンドアウトの例。実際にはアンダーラインの箇所は空所にして生徒に書き込ませます。）

> (1) It is rainy today.　It was rainy yesterday too.
> It <u>has</u> <u>been</u> rainy <u>since</u> yesterday.
> (2) Emma lives in Japan now.
> She came to Japan two years ago.
> She <u>has</u> <u>lived</u> in Japan <u>for</u> two years.

※作成上の留意点

① 記入する語数に合わせて下線を引いておく。語の長さに合わせて下線の長さも調整する。

② h　　b　　のように最初の1文字だけを示しておいてもよい。音声を想起するヒントになる。

③ 手書き文字に近い Sassoon や UD フォントを使用する。

④ ターゲットとなる文法事項の部分だけでなく，文脈がわかるよう前後の文も加える。あるいは絵を載せる。

⑤ 同じパターンの例をたくさん書かせる場合は，徐々に空所の数を増やし，最後は全文を書かせるように仕組む。

(2) 題材内容のサマリー

ア．キーワードの空所補充

　教科書を開く前に Oral Introduction が理解できたかどうかを確認するため，キーワードを空所にしたハンドアウトを配付します。生徒は音声でやり取りした内容を文字で確認（黙読）しながら空欄を埋めます。Oral Introduction がほぼ教科書内容をカバーしている場合には，教科書をそのままコピーして空所を作れば済みます。Oral Introduction と教科書内容との間にギャップがある場合には，教師が自作します。自作と言っても，Oral Introduction の原稿が完成していれば簡単にできます。以下の例では，アンダーラインの箇所を空所にします。

> The male ostrich is a handsome bird. It has black ① feathers on its body and large white ① feathers or ② plumes on its small wings and tail. The female ostrich lays ③ eggs in the shallow basin ④ hole in the ⑤ desert. They sit on the eggs in turns — males by ⑥ night, females by ⑦ day.

長谷川潔, 森住衛(編著)(1987)「楽しく学ぶ英語の教材―英語教材事典」『英語教育』別冊　大修館書店
（下線および数字は筆者）

※作成上の留意点

1) 空所にする語句は Oral Introduction の中で言えるようにし，板書にも残っているものにする。
2) 空所には番号をふり，答え合わせの際に役立てる。文法事項の場合と同様に，最初の1文字を示しておいてもよい。
3) 教科書本文そのものを利用しパソコンで作成する場合，改行箇所は教科書と同じにする。答え合わせが容易にできるからである。

イ．板書のコピー

　Oral Introduction で完成した板書を使って生徒にリテリングをさせたい時は，板書を縮小したハンドアウト（絵やキーワードが載ったもの）を配付します（本書 p.59 参照）。これを使って発表の練習をさせ，発表後は文章を書くことにも利用できます。

　ピクチャーカード類を1つ1つ縮小コピーしたり，パソコンで作成するのもいいですが，もっといい方法があります。授業準備の段階で，教師自身が空き教室でリハーサルをし，そこで完成した板書を写真に撮って印刷するのです。教師自身の練習にもなり一石二鳥です。

2. Explanation で用いるハンドアウト

　基本的に Explanation は教科書を開いて行う活動ですが，あらかじめ説明する箇所に印や番号をつけたハンドアウトを使えば，効率よく進めることができます。英文の量が多い高等学校で特に有効です。次の文章は前掲の文章の続きです。

> During daytime sitting on the eggs is not for keeping
> ① them warm, but for protecting ① them from the heat of the
> (=the 　　　　)
> sun.

前掲「楽しく学ぶ英語の教材─英語教材事典」

「○行目の them は何を指していますか？」と言っても，生徒はその箇所を見つけるのに時間がかかったり，他のところを見ていたりするものです。これならすぐに見つけられますし，答え合わせも簡単です。書き込みができる点も便利です。教科書をコピーし，改行位置を変えずに作成します。パソコンで作る場合には，行間を広くして書き込むとよいでしょう。

　このようなハンドアウトとは別に，生徒の予備知識が少なく難しい内容を扱う場合，題材に関する資料を配付して（日本語または英語で）読ませることもあります。Explanation のほか，導入の前後に用いてもよいでしょう。

3. 音読で用いるハンドアウト

　教科書さえあれば音読はできますが，ハンドアウトを用いて段階的に指導し，話すことにつなげていくことが可能です。

(1) 意味のかたまりを意識させる

　教師が範読し，チャンクごとに教科書にスラッシュを入れさせる代わりに，あらかじめスラッシュを入れたハンドアウトを配付します。あるいは，次のように改行によって意味のかたまりを示すこともできます。

> During daytime
> sitting on the eggs
> is not for keeping them warm,

　長い文を Read and Look-up させる時は，まずこのチャンクごとに言わせてから全文を言わせるとよいでしょう。もし ICT 機器を使える環境があれば，ハンドアウトにせず，スクリーンに投影することも可能です。

(2) 話すことにつなげる

Read & Look-up は，徐々に文字から目を離して話すことにつなぐ学習活動です。これに代えて，ハンドアウトによって物理的に文字の量を減らしてみましょう。次のようにテキストの一部を黒塗りにすれば簡単です。

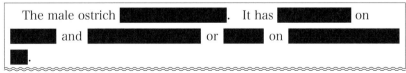

前掲「楽しく学ぶ英語の教材－英語教材事典」

　黒塗りにする箇所は，目的やレベルに合わせて自由に調節でき，簡単に作ることができます。内容語，機能語，文頭の主語以外全部など，いくつかのパターンを用意して使うといいでしょう。黒塗りにしておけば，生徒が書き込もうとするのを防げます。

4. Activities で用いるハンドアウト

　生徒に英語を使わせ，練習量を増やすために行われるさまざまな Activities は，ハンドアウトが最も頻繁に使用される場面かもしれません。生徒同士でインタビューを行うペアワークで用いる次のハンドアウトを見てみましょう。（過去形の質問文の例）

Q: Did you watch TV yesterday? 　　A: Yes, I did. / No, I didn't.			
例（絵） テレビを見る	1（絵） 音楽を聞く	2（絵） 数学の勉強	3（絵） ゲームをする
○			

　以下に，作成および指導上の留意点を示します。
①指示文は載せない
　「昨日，次のことをしたかどうか，パートナーに聞き，答えは○か×で記入しよう」という指示文は載せていません。活動前に説明するか，教師が生徒ひとりとやってみせればすむからです。どちらが先に質問する，質問は番号順でなくランダムにする，などその場で指示すべきことは多いものです。

授業を聞いていないとできないように仕組むことが大切です。

②例を載せるかどうかは教師が判断する

　上の例では質問と答えが載っていますが，授業の中で十分に練習し全体でやり方を示せば，これも必要ありません。インタビューは相手の顔を見て行なうべき活動ですが，ハンドアウトに文字が書いてあると，どうしても生徒はそれを読もうとします。できれば，板書して全体で練習してから配付したほうがよいでしょう。

　ただし，このハンドアウトは，ペアワークが終わると生徒の手元には○×の記入された表だけが残ります。あとで何をやったのかがわからなくなるのを防ぐため，1つだけ例を載せ，相手の名前を書く欄を設けておくということはあってもよいでしょう。

③活動後に何をするかを考えておく

　せっかく作ったハンドアウトが活動後に不要になるのはもったいないことです。下に英文を書く欄を作っておき，インタビューの結果を次のように書かせるとよいでしょう。

Masaru watched TV yesterday.　He didn't listen to music.

ペアワークの活動に意味を持たせることにもなります。

5.　ハンドアウトを作成・使用する際の留意点

(1) ハンドアウトを使う目的を考える

　何でもかんでもハンドアウトを作ればいいというものではありません。本当に必要か，ICT 機器で代用できるのか，ノートではなく印刷して生徒の手元に残すべきか，吟味した上で作成します。

(2) 配付のタイミングを決めておく

　ハンドアウトを配付すると，生徒の視線は下を向き，多くの場合，一斉指導から個別の活動になります。したがって，配ったら生徒が自力で作業できるようにしておく必要があります。そのことを踏まえ，いつ配るか，配る前に何をしておくべきかを考えておくことが大切です。

(3) 形式にもこだわる

　生徒に英語を書かせる場合，文字の大きさ，フォント，余白，全体のレイアウトなどに配慮が必要です。フォントは手書き文字に近い UD Digikyo Latin や Sassoon などの UD フォントを使用し，空欄は（　）ではなく下線＿＿＿にします。下線が文字を書く時の基本線になるからです。下線の長さもよく考えて作りましょう。

(4) 回収・保管のことを考える

　ハンドアウトの大きさは統一し，通し番号をふってファイルに綴じさせます。そのために左側の余白を広めにとる必要があります。また，ノートと違ってかさばらないので，回収してチェックするのは簡単ですが，名前を記入させる欄を忘れずに作っておきます。

　ノートに貼らせる場合には，ノートよりやや小さめに余白をカットしておくなどの配慮をします。

(5) 作成に時間をかけすぎない

　音声中心の授業を補強するものとして，ハンドアウトの活用は有効ですが，授業準備の基本はまず Oral Introduction と板書計画です。準備する過程で，ハンドアウトが必要かどうか，必要ならどのような内容にするかが決まっていくものです。ハンドアウトの作成＝授業準備と勘違いしないこと，そして作成に時間をかけすぎないことも大切です。

コラム3　ユニバーサルデザイン

1．ユニバーサルデザインとは

　内閣府が作成した「ユニバーサルデザイン 2020 行動計画」に「ユニバーサルデザインは障害の有無，年齢，性別，人種等にかかわらず多様な人々が利用しやすいようあらかじめ都市や生活環境をデザインする考え方」と説明されています。これを授業に当てはめると，授業内容が多様な生徒にわかりやすいように，あらかじめ教え方や教材を準備しておくこと，と言えます。村上（2019）は「学びのためのユニバーサルデザインにおいては，つまずいてからの支援より…学習者の立場に立ち，あらかじめ個々の困難さを予測しながら，そのつまずきを回避するアプローチ」が重要だと述べています。小貫と桂（2014）は指導方法をユニバーサルデザイン化するために，「時間の構造化」「情報伝達の工夫」「参加の促進」「展開の構造化」の 4 つのキーワードを挙げています。つまり，授業の展開をわかりやすく提示しながら（時間の構造化），視覚・聴覚など多感覚を利用した教示方法を使用し（情報伝達の工夫），ただ座って聞いているだけでなく，個人作業，ペアワークやグループワークなどを取り入れ（参加の促進），授業のチャンクを明確にし，それぞれのチャンクで何をするかが明確になっている（展開の構造化）ことが大切だということです。

2．授業作りに応用する

　これらの考え方を英語の授業に当てはめて考えると，Warm-up から Consolidation までに至る基本的な流れを押さえることの大切さが見えてきます。本書での「型」の基本の流れは 8 つに分かれていますから，1 つのチャンクはそれほど長くありません。注意力に困難を感じる生徒にとっても，乗り切れる程度の長さです。さらに，その日の授業展開を，たとえ毎回同じであったとしても，視覚的に提示します。そうすることで，安心して授業を

受けられる生徒がいるのです。スライドを利用しているなら，チャンクの変わり目の都度，流れを表示し，これからどのチャンクが始まるかを分かるようにします。スライドを利用していないのなら，黒板の端に流れを掲示しておき，チャンクが変わる度にマグネットなどで今どのチャンクを扱っているかを明示します。情報提示はなるべく複数のメディアを使うようにします。視覚優位の生徒の中には，音声情報だけでは処理できないケースもあります。そのような生徒がいると思われる場合は，文字情報も同時に与えるようにしたいものです。Oral Introduction で使うビジュアルエイドにも注意が必要です。これでストーリーが分かるだろうと勝手に思い込むのは禁物です。視覚情報処理が苦手な生徒の中には，絵を見てストーリーを紡ぐのが不得意な生徒がいます。ここでも文字情報が必要な生徒の存在を忘れてはいけません。また，Activities の発表形式を考えるときにも，情報伝達の違いを大切にします。音声での発表が得意な生徒もいれば，文字での発表が得意な生徒もいます。身体を動かしながら発表するほうが落ち着く生徒もいます。発表の方法がひとつの方法に偏らないように気をつける必要もあるのです。展開の構造化に関しては，「型」を基本にした授業展開であれば，あまり心配する必要はありません。「型」は困難を抱えた生徒の安心材料にもなるのです。

　イラストにせよ文字にせよ，色のバリアフリーもユニバーサルデザインには欠かせません。色の区別に困難を抱える男子の割合は，5％程度と言われています。緑と赤の区別が付きにくい場合，緑の黒板に赤チョークで書くと，書いたものがとても読みにくいことがあります。スライドを使っていると，つい多くの色を使いがちになりますが，区別の付きにくい色の組合せを意識する必要があります。色の区別に困難がある人が，どのように見えるかをシミュレートするスマホ用のアプリが複数あるので，それを使って事前に確認しておくと良いでしょう。

　加えて，ワークシートなどの配布物やスライドで使うフォントにも気を配るとよいでしょう。各種 UD フォントが入手可能です。フォントの違いで読みのスピードが変わるという報告もありますが，読み書き障害がある生徒に有効であるかどうかは見解が分かれています。それでも読みやすいと感じるフォントがあるのなら，使うのがよいでしょう。フォントの種類だけでなく，サイズや行間にも十分な注意を払うことは言うまでもありません。

3. 学びのユニバーサルデザイン

　今まで述べた授業のユニバーサルデザインは，一斉授業を基本にした考え方です。それは困難を抱えた生徒への対応を念頭に，その子も含めてクラスの大多数がわかりやすいように授業を組み立てることです。このように「個」への対応を全体に還元していくことを高橋（2018）は「方法のインクルージョン」と呼んでいます。これに対して，初めから生徒の多様性に対応した学習方法を提示し，「全ての生徒が自己選択する」学びを「学びのユニバーサルデザイン（Universal Design for Learning，以下 UDL）」としています。ホール，マイヤー，ローズ（2018）によると，UDL では「人が複数いる場合，個々に違いがあることは例外ではなく『標準』である」と捉え，「カリキュラムは個々の違いに合わせるべきで，逆であってはならない」と考えます。つまり，コーモスとスミス（2017）が言うように，ある困難を抱えた生徒にその困難を軽減するための「追加の支援」をするのではなく，「クラスの全てのメンバーを含めることを目標として教え」，そのために「教材は，さまざまなフォーマットで作られ」，「だれでも補助的テクノロジーを利用することができる」ような授業を作るのです。

　UDL に忠実になると，一斉授業はなくなり，完全な個別学習が起こります。そうなると授業の「型」は必要なくなりそうですが，「型」で行う活動を学習者が各自で行えるような教材や，その教材に取り組むためのヒントカードなどを，できるだけ多く準備する必要があるのです。アメリカではもちろん，日本国内にも，UDL を実践している学校はあります。

　とは言え，UDL は簡単に実践できるものではありません。学校単位で取り組む必要もあるでしょう。そこで，UDL の基本的な考え方を取り入れることで，より多くの生徒に合った学び方を提供するのが現実的です。たとえば Warm-up の活動にしても，個人で行いたい生徒，ペアがいい生徒，グループがいい生徒，文字を好む生徒，発話を好む生徒，身体を動かすのを好む生徒，などがいることを前提に，時間を区切って，準備してきた複数の活動から，好きな活動を選択できるとよいでしょう。ワークシートは最低でも両面仕様にして，作業の難易度を変える，作業の内容をたとえば片面はイラストをもとに英文を書く・言う，もう片面は文字情報をもとに英文を完成させる，のように変えることを検討してみましょう。全員が同じ活動をすべき，

という考え方を転換する勇気が必要なのです。これは宿題の内容にもあてはまります。書くことに困難を抱えている生徒に，書いてくる宿題を課しても効果は期待できません。音声で代替する，音声認識ソフトの利用を許可するなどの工夫が必要なのです。あるいは，宿題をしない，という選択肢すら検討しなくてはいけないのかもしれません。

　ここで大切なのは，生徒自身が自ら選択することです。自己選択ですから，選択の責任は自分が負います。こうすることで，自分の人生を自ら選択していく能力にもつながっていくのです。

【参考文献】

小貫悟，桂聖（2014）『授業のユニバーサルデザイン入門』東洋館出版

コーモス, J., スミス, A.M., 武田契一（監修），飯島睦美，大谷みどり，川合紀宗，築道和明，村上加代子，村田美和（訳）（2017）『学習障がいのある児童・生徒のための外国語教育』明石書房

高橋あつ子（編著）（2018）『私学流特別支援教育』学事出版

内閣府「ユニバーサルデザイン 2020 行動計画」
　https://www.kantei.go.jp/jp/singi/tokyo2020_suishin_honbu/ud-2020kkkaigi/pdf/2020_keikaku.pdf（2021 年 9 月 6 日取得）

ホール, T.E., マイヤー, A, ローズ, D.H., バーンズ亀山静子（訳）（2018）『UDL 学びのユニバーサルデザイン』東洋館出版

村上加代子（2019）「教科におけるユニバーサルデザインの実現に向けて」『英語教育 2019 年 10 月増刊号』大修館書店 pp.46–47.

付録 1　教室英語

1．教室英語とは

　実際には「教室英語」などという特別な英語があるわけではなく，授業で頻繁に用いる英語による指示や表現を便宜的に「教室英語」と総称しています。

　日本のように授業時間が限られた環境の場合，教室内での指示や生徒とのやり取りの中でも可能な限り英語を使うことによって，より多くのインプットを与えることが期待できます。

(1) 教室英語を使う意義
　教室内でできるだけ多く英語を使うことの意味を意識することによって，より効果的なインプットを提供できるようになります。

①雰囲気作り

　教師が率先して楽しそうに英語を使うことによって，生徒たちにも英語を使ってみようという意識を生み出すことができます。また，自然な会話の中での言いよどみや言い直し，省略などの使用場面を見せることによって，生徒たちがより自信を持って英語を使ってみようとする雰囲気作りができます。

②インプットの補充

　指示や説明の中で少しずつ使っていくことによって，教科書だけでは十分とは言えない英語のインプットを補充することができます。また，未習の言語事項でも，決まった場面で繰り返し使ってみせることによって，生徒に自然な形でインプットを与えることができます。

③既習事項の活用

　教科書で学習した項目は，場合によってはその後あまり教科書には出てこない場合があります。そのような項目を積極的に活用することによって，既習事項の復習をすることができます。

④実際の英語使用のモデルとして

　教科書では単なる文法事項として扱われる事柄を，教室という実際の使用場面の中で使うことによって，学習した内容がどのような場面で活用できる

のか，言語使用のモデルを示すことができます。

(2) 留意点

　以上の意義を踏まえて，実際に教室で英語を使う際に気をつけるべき点を
まとめておきます。

①どんな英語を使うか

　自然さも大切ですが，入門期の場合は生徒が不安にならないように，教師
が使用する英語も速度や表現の複雑さなど，ある程度のコントロールが必要
です。英語を使いまくることによって，逆に生徒に不安を与えたり，嫌悪感
を抱かせたりすることがないように配慮が必要です。

②繰り返し，少しずつ

　教室での指示などは，同じことの繰り返しです。その特性を活かして，決
まった表現を，少しずつ，繰り返し使うことが効果的です。初めのうちは日
本語で補助が必要かもしれませんが，不安だからといつまでも英和両方で指
示を出さず，英語のみにしていく意識も大切です。

③生徒にも使わせる

　教室内で生徒が使えそうな表現を少しずつ紹介し，可能な場面では積極的
に英語を使うことを促していくことも必要です。

④反応を見ながら

　生徒の反応をよく観察しながら，無用なプレッシャーを与えず，しかし英
語を使うことは諦めず，無理せず気長に取り組むのがコツです。不安を感じ
ると日本語で補足したり，日本語に切り替えたりしてしまいがちですが，
徐々にそのような補助を減らしていくことが必要です。特に，いったん日本
語に切り替えると，英語に戻すきっかけを失いがちで，だらだらと日本語を
使ってしまうと言う落とし穴には注意しましょう。

⑤レベルに合わせて，変化をつけて

　同じ指示でも，生徒の英語力に応じていろいろな表現を使ったり，複雑な
構造を使ってみるなど，レベルに合わせたインプットになるような工夫が求
められます。逆に，学習の進度に合わせて変化せず，いつまでも同じ表現や
内容を扱うのは考え物です。次のセクションで示す例の中でも，同じ内容を
異なるレベルで表現する例を示してありますので参考にしてください。

2. 教室英語の例

・大まかな場面や状況別にまとめてありますが，必ずしも並んでいる通りの展開は想定していません。
・同様のことを異なる表現で言える場合，スラッシュで区切って併記してあります。
・★印は生徒が（も）使うための表現です。

(1) ウォームアップ
①挨拶

Let's begin. / Shall we start?

Good morning / afternoon, everyone.

★ Good morning / afternoon, Mr / Ms Tanaka.

How are you today, everyone? / How are you, Sato-san?

★ I'm fine, thank you.　And you? / How are you?

②出欠確認

Is everyone here / present?

No absence today? / Who is absent today?

Where is Sato-kun? / I don't see Sato-kun. / What happened to Sato-kun?

Where is Sato-kun?　Does anyone know? / Does anyone know where Sato-kun is?

Is everyone here?　Let me check. / Let me check if everyone is here.

★ Here. / Present.

③授業準備の確認など

Are you ready to start?

Sato-kun, you look sleepy / tired today?　Are you OK?

Does everyone have the textbook?

★ Mr / Ms Tanaka, I forgot my textbook / workbook / worksheet.

OK, use mine today.　Don't forget again.

Did you do your homework?

Look!　It's beautiful weather.

How is the weather today?

★ It's sunny / rainy / snowy / cloudy / windy.

What day of the week is it today?

What is the date today?

★ It's Monday / Tuesday ... / February 14.

(2) 復習

Let's review the last lesson / the text.

Open the textbook to page 20.

Let's read aloud the text together.

Sato-kun, please read the sentence. / Will you read the sentence?

Can anyone read aloud the text? / Does anyone want to read aloud the text?

Any volunteers? / Any volunteers to read aloud the text?

Now, let's have a quiz.   Close your books.

Time is up.   Stop writing.

Make sure you have your name in your handout.

Pass your paper to the front.

Do you have any questions? / Are you sure you understand everything?

★ What is 'together' in Japanese / English?

★ What does 'together' mean?

★ Would you read this word / sentence again?

Good! / Great job! / Wonderful! / Excellent!

Good question.

(3) 導入・説明

Now close your books and listen to me.

Look at this picture. / Take a look at this picture.

What do you see in this picture?

Do you understand? / Are you with me? / Do you follow me?

★ How do you write / spell the word?

Please repeat. / Everyone, repeat.

Now let's go over the story / text / new expressions on the board.

OK, open your books to page 20.

I'll read the text, so please listen.

Do you understand this word / sentence / phrase?

Can you explain the next sentence in Japanese?

Do you have any questions about the text?

(4) 音読練習

Now let's practice reading. / Now let's read the text aloud.

I'll read aloud the text so please listen.

This time I'll read aloud the sentences, so please repeat after me.

Let's try buzz reading now. (Everyone, please stand up.)

Read aloud the text three times at your own speed. (Sit down when you finish.)

Sit down when you finish but please keep reading.

We need to practice some words / sentences.

This time, please read one sentence / paragraph.

Tanaka-san, please read the next sentence / paragraph.

Now let's try 'Read & Look-up.'

Please read the first sentence.   Now, look up.   Say.

The next sentence.   Look up. (Hold it.) Say.

Please read in pairs.   Help each other.

Please read the text in pairs.   Take turns by sentences.

Read the dialog in pairs.   Switch the roles.

Let's practice reading in pairs with this worksheet.

(5) 発表活動

Let's try telling the story（we have just studied）.

Please summarize the text / the second paragraph / this lesson.

Can you tell us the summary of the text / the second paragraph / this lesson?

Use these pictures (and keywords) on the board.

Try to point the pictures (and keywords) as you tell us the story.

Don't talk to the board.　Talk to your classmates.

Make sure you keep eye contact with the audience.

You have two minutes.　Keep talking for two minutes.

First let's practice in pairs.

Do janken / rock-paper-scissors, and the winners speak first.

Let's change partners.

Everyone in this row, please move one seat forward / back.

Now who would like to try / go / speak first?

Any volunteers?

Who wants to try / go / speak next?

You're doing fine / great. / Keep going.

Good / great / wonderful / excellent job!

Please give a big hand to Tanaka-kun. / Please give Tanaka-kun a big hand.

How do you feel now? / How do you like your job? / How did it go?

What did you like about Tanaka-kun's talk / performance?

Do you have any comments or questions?

(6) まとめ

Today we read part two of lesson three.　It is about ....

Do you understand the text / what we studied today?

Do you have any questions about the text?

Today's homework is the exercise four on page five.

Before next lesson, please practice reading aloud page four.

In the next lesson, you need to bring your workbook.

Please pass your worksheet to the front.

Before you go / leave, don't forget to return the dictionary into the box in front.

That's all for today.

★ See you on Thursday / the day after tomorrow.

★ Have a good weekend.

(7) その他

★ How do you say「権利」in English?

★ Would you explain it in Japanese?

★ How do you read this word?

★ I don't understand this part of the text.

付録 2 読書案内

　本書を読んで，さらに考えを深めたい方へのガイドです。星印（*）のついているものは，一般財団法人 語学教育研究所のサイト（www.irlt.or.jp）で入手可能です。

（1）英語教育の哲学・英語指導の基本理念

◆田尻悟郎（2009）『（英語）授業改革論』教育出版
　　めざすべき英語力をつけるために，どのように指導方法を改善していけばよいのかを提案している。生徒の生の声に謙虚に耳を傾けることの大切さがわかる。筆者は 2001 年一般財団法人語学教育研究所のパーマー賞受賞者。

◆本多敏幸（2011）『若手英語教師のためのよい授業をつくる 30 章』教育出版
　　よりよい授業を作るためには，どんなことに留意すればよいのか，若手教員や教員志望の大学生のために，わかりやすく説明されている。一般財団法人語学教育研究所の外国語教育研究賞奨励賞受賞作（2011 年）。

◆若林俊輔（2016）『英語は「教わったように教えるな」』研究社

◆　──　　（2018，2019，2020）『若林俊輔先生著作集①②③』*一般財団
　　　　　　法人語学教育研究所
　　英語指導・英語学習の根本にある哲学とその実践の心構えを論じている。筆鋒はときに鋭いが，徹底して学習者の視線に立っていて，あるべき外国語（英語）教育を考える際の新たな視点が得られる。

(2) 英語で英語の授業をするための要点

◆一般財団法人語学教育研究所（編）(2008)『指導手順再検討』*（語研
　　　ブックレット 2）

　より多くの具体例に触れることで，本書で理解したことを深めることが
でき，また，応用力もつけられる。

◆ ── （編）(2014)『英語指導技術ガイド Q&A─授業の悩みにこたえ
　　　る 26 のレシピ』開拓社

　指導のいろいろな場面で教員が抱く困りごとが取り上げられ，現場目線
での実践的な回答がされている。

◆隈部直光 (1996)『英語教師心得のすべて』開拓社

　本書で提案した指導法を実践する際に忘れてはならない，さまざまな留
意点が，具体例とともに理解できる。

(3) 文法項目の導入・指導

◆一般財団法人語学教育研究所（編）(2011)『オーラル・ワーク再入門』*
　　　（語研ブックレット 4）

　文法事項（言語材料）を，英語によるやり取りで導入・展開する方法に
ついて多くの実例が挙げられている。

◆原田昌明 (1991)『英語の言語活動 WHAT & HOW』大修館書店

　刊行当時の『中学校学習指導要領』にあった文法事項を，オーラルで導
入するためのアイディアが満載されている。

(4) 文法指導の視点

◆宮田幸一 (1961，1970)『教壇の英文法』研究社（絶版）

　雑誌の Q&A コーナーに載った記事をまとめたもの。難しい用語を避け
た，納得のいく説明とはどんなものかも学べる。

◆若林俊輔 (2018)『英語の素朴な疑問に答える 36 章』研究社

　生徒が抱く疑問について，可能な限り論理的な回答がされている。文法
説明の模範例ととらえ，自身の説明を磨きたい。

（5）音読指導
◆土屋澄男（2004）『英語コミュニケーションの基礎を作る音読指導』研究社
　　タイトルに示された考えに基づき，音読の意義が説明され，具体的かつ効果的な実践例が紹介されている。

（6）発音指導・音声学
◆竹林滋・清水あつ子・斎藤弘子（2013）『改訂新版・初級英語音声学』大修館書店
◆牧野武彦（2005）『日本人のための英語音声学レッスン』大修館書店
◆松坂ヒロシ（1986）『英語音声学入門』研究社
　　正しい発音を身につけるだけでなく，適切な指導をするためにも，英語教師に音声学の知識は欠かせない。ところが，以前と異なり，現在，教職単位の必修科目ではない。大学で受講しなかった場合には，初心者向けの上掲書で自学しておきたい。ただし，ここで得た知識をそのまま授業で使うか，使えるかはよく考える必要がある。

（7）単語指導
◆望月正道，相澤一美，投野由紀夫（2003）『英語語彙の指導マニュアル』大修館書店
　　語彙習得の研究成果に基づき，語彙指導はどうしたらよいのか，テスト方法や実際的な指導法が紹介されている。

（8）テスト
◆靜哲人（2002）『英語テスト作成の達人マニュアル』大修館書店
◆若林俊輔・根岸雅史（1993）『無責任なテストが落ちこぼれを作る―正しい問題作成への英語授業学的アプローチ』大修館書店
　　ともすれば惰性で作っている「テスト」の本来の意味を問い，英語力を精確に測ることができるテストを検証している。

(9) 綴りと発音（フォニックス）の指導・英語の文字の指導

◆大名力（2014）『英語の文字・綴り・発音のしくみ』研究社

◆　──（2021）『英語の綴りのルール』研究社

　「こういうものなんだ！」と思い込まされてきた英単語の綴りに，整然とした規則があることを丁寧に説いている。

◆手島良（2004）『英語の発音・ルールブック』NHK 出版

　文字・綴りと発音の関係（フォニックス）の自習書。中級レベルの規則が主に扱われている。

◆　──（2019）『これからの英語の文字指導─書きやすく　読みやすく』研究社

　英語の文字を指導するための綿密な手順が示されている。コピー可能なハンドアウトがダウンロードできる。

(10) スピーキング指導

◆小菅敦子，小菅和也（1995）『スピーキングの指導』研究社（絶版）

　本書のような授業の中で，話す力をどうつけていけばよいか。さまざまなレベルにおける活動例が示されている。

(11) リーディング指導

◆天満美智子（1989）『英文読解のストラテジー』大修館書店

　英文を読解できるようにするための指導法にはどんなものがあるのか。数多くの具体的な方法が示されている。

(12) ライティング指導

◆淡路佳昌（2010）「導入期からのライティング指導の展開」『英語教育』6月号 pp. 18-20.

　本書に示されたような授業を，どうライティングに結びつけるかが，中学校における実践に基づいて述べられている。

◆大井恭子，田端光義，松井孝志（2008）『パラグラフ・ライティング指導入門』大修館書店

　単文レベルの「和文英訳」に終わらない，本来の「英作文」の中学・高校における指導の手順が詳しく説明されている。

(13) 小学校英語

◆一般財団法人語学教育研究所（編）（2010）『小学校英語1―子どもの学
　　習能力に寄り添う指導方法の提案』*（語研ブックレット3）
◆　――（編）（2012）『小学校英語2―子どもの学習能力に寄り添う授業
　　つくりの提案』*（語研ブックレット5）
　　私立小学校の中には，古くは100年ほど前から英語が教えられてきて
いるところがいくつもある。小学校におけるそうした指導経験を引き継い
できている一般財団法人語学教育研究所の研究グループに所属する小学校
英語教員が書き著した本。小学生に寄り添い，その学びの実態を知った上
での指導方法の数々は，ほかでは見られない重みがある。

(14) 英語史の視点

◆朝尾幸次郎（2019）『英語の歴史から考える英文法の「なぜ」』大修館書店
◆寺澤盾（2016）『英単語の世界―多義語と意味変化から見る』中公新書
◆　――（2008）『英語の歴史―過去から未来への物語』中公新書
◆堀田隆一（2016）『英語の「なぜ？」に答える　はじめての英語史』研究社
　　生徒から受ける質問には，即答できないようなものも多い。その際，英
語の歴史を知っていることで，その答えがわかることがある。生徒の学年
によってはそのまま回答はできないこともあるが，歴史的により正しい答
えを提供することで生徒に納得してもらうことができる。

(15) 講習会

　　一般財団法人語学教育研究所では，本書の内容に即した講習会を，随時，
開催しています。開催日時や内容の詳細については，語研のサイトwww.
irlt.or.jpでご確認の上，お申し込みください。中学・高等学校の授業に
関するものだけでなく，本書では触れていない，小学校英語に関する講習
会も充実しています。

索　引

【日本語】

あ行

アイコンタクト　46

挨拶　6, 35, 228

アウトプット　2, 5, 9, 14, 16, 23, 25, 94, 176, 177

アクティブラーニング　144

穴埋め　129, 130, 175, 182, 183

穴埋め音読（Cloze Reading）24, 102, 108, 138

アルファベット　30, 114, 115, 194, 195, 207, 209

暗記　46, 97, 105, 109, 111, 175, 179

暗唱　8, 11, 24, 46, 48, 107, 109, 119, 120, 173, 174, 178

言い換え　53, 58, 73, 86, 90, 92, 126, 148, 167–169

一斉読み（Chorus Reading）11, 12, 23, 24, 31, 44, 45, 96–98, 151, 182

インプット（Input）2, 4, 14, 16, 20, 23, 48, 67, 105, 119, 120, 124, 139, 143, 144, 176, 177, 180, 201, 226, 227

歌　2, 7, 37–39

運用力　3, 15, 17, 119

英問英答（Q&A, Qs & As）8, 13, 14, 22, 39, 47, 104, 147, 149, 176, 178, 180, 182

帯活動　7, 41

音源　2, 4, 19, 23, 44, 80, 81, 97, 138

音素　156, 157, 163

音読（Reading Aloud）2, 5, 8, 11, 17, 19, 20, 23–25, 44–46, 48, 57, 75, 81, 83, 84, 90, 94–98, 100–105, 108, 111, 117, 119–121, 124, 138, 157, 162, 172, 174, 178, 180, 182, 218, 230, 235

音の連結　178

か行

書き足し法　64, 159, 170

学習指導要領　2, 4, 111

家庭学習　8, 27, 31, 46, 76, 116, 136–139, 173–175, 184, 197–199

空読み　97

机間指導　25, 99, 101, 117, 155, 173, 182

既習事項　7, 8, 37, 39, 47, 53, 55, 86, 87, 174, 201, 226

帰納的　168

教科書　2, 4, 5, 8-11, 14, 15, 19–21, 23, 26, 31, 32, 46–48, 50, 51, 53–55, 57, 59–65, 67, 68, 75–77, 80–82, 85, 88, 90, 91, 94, 97, 102–105, 107–109, 116, 119, 120, 122, 125, 129, 130–132, 138, 139, 160, 173, 178, 179, 182, 183, 195, 197, 201, 202, 206, 216–218, 226

教材研究　89

教室英語　16, 153, 226, 228

教師の肉声　23, 80

な行

は行

編者

小菅和也　　　武蔵野大学名誉教授〈←高校（国）←高校（公）〉
手島　良　　　武蔵高等学校中学校〈←高校（国）←中学校（国）←中学校・高校（私）〉
淡路佳昌　　　大東文化大学〈←中学校（国）←大学（私）←高等専門学校（国）〉

執筆者

淡路佳昌　　　（同前）
　　　　　　　　　　　第2章Ⅰ，Ⅱ，Ⅵ，第3章Ⅹ，付録1.
江原一浩　　　筑波学院大学〈←高校（国）←中学校・高校（私）←高校（公）〉
　　　　　　　　　　　第2章Ⅲ‐(2)，Ⅳ‐(2)，Ⅴ‐(2).
大内由香里　　東京都荒川区立第九中学校〈中学校（公）〉
　　　　　　　　　　　第2章Ⅲ‐(1)，Ⅳ‐(1)，Ⅴ‐(1)，第3章Ⅶ，Ⅻ.
草間浩一　　　武蔵高等学校中学校〈中学校・高校（私）〉
　　　　　　　　　　　コラム3.
小菅敦子　　　東京女子大学ほか〈←中学校（国）←高校（公）〉
　　　　　　　　　　　第2章Ⅶ‐(1)，Ⅷ，第3章Ⅸ，コラム1.
小菅和也　　　（同前）
　　　　　　　　　　　第1章，第3章Ⅰ～Ⅳ.
手島　良　　　（同前）
　　　　　　　　　　　第3章Ⅴ，Ⅵ，Ⅷ，Ⅺ，付録2.
矢田理世　　　筑波大学附属高等学校〈←中学校・高校（私）〉
　　　　　　　　　　　第2章Ⅶ‐(2).
山崎　勝　　　埼玉県立和光国際高等学校〈高校（公）〉
　　　　　　　　　　　コラム2.

　　　　　　　　　　　　　　　　　所属は2021年4月現在，〈 〉内は教員歴。

英語授業の「型」づくり―おさえておきたい指導の基本
© 一般財団法人　語学教育研究所，2021　　　　　NDC375／x, 244p／21cm

初版第 1 刷―――――2021年12月 1 日

編著者―――――一般財団法人　語学 教 育研 究 所
発行者―――――鈴木一行
発行所―――――株式会社　大修館書店
　　　　　　　　〒113-8541　東京都文京区湯島 2-1-1
　　　　　　　　電話 03-3868-2651（販売部）03-3868-2293（編集部）
　　　　　　　　振替 00190-7-40504
　　　　　　　　[出版情報] https://www.taishukan.co.jp

装丁者―――――岡崎健二
印刷所―――――壮光舎印刷
製本所―――――難波製本

ISBN 978-4-469-24652-0　　Printed in Japan